Franziska Seyboldt
Müslimädchen

Franziska Seyboldt

Müslimädchen

Mein Trauma vom gesunden Leben

Lübbe Paperback

MIX
Papier aus verantwortungsvollen Quellen
FSC® C014496

Zum Schutz der Persönlichkeitsrechte wurden Namen und Details verändert.

Dieser Titel ist auch als E-Book erschienen.

Originalausgabe

Umschlaggestaltung: Manuela Städele
Umschlagmotiv: © Shutterstock/SeDmi; © Franziska Seyboldt
Satz: Fotosatz Amann, Aichstetten
Gesetzt aus der Janson Text
Druck und Einband: GGP Media GmbH, Pößneck

Printed in Germany
ISBN 978-3-7857-6092-5

5 4 3 2 1

Sie finden uns im Internet unter: www.luebbe.de
Bitte beachten Sie auch: www.lesejury.de

Für meine Eltern

Inhalt

1 Es gibt schlecht gelaunten Kaffee und das Müslimädchen, das bereits eine Müslifrau ist, ärgert sich über die Ökodiktatur.

Menschen, die Sätze sagen wie »Morgens brauche ich mein Birchermüsli, sonst bin ich nicht leistungsfähig«, kann ich nicht ernst nehmen. Ich würde das jetzt gerne laut sagen, aber ich muss Rücksicht nehmen auf Martha. Martha ist immer meine beste Freundin und manchmal verliebt, so wie jetzt. In einen Birchermüsli-Mann. Sie flötet und tschilpt und gackert, sie ist ganz Huhn und er ganz Korn, oder Hahn, oder beides, wer weiß das schon.

»Hach«, sagt sie. »Der isses.«

Sie sagt das, weil er ihr Müsli gemacht hat nach der ersten gemeinsamen Nacht. Mit Haferflocken und Äpfeln und Bananen und Biomilch und dann noch ein paar Leinsamen für die Deko und die Verdauung. So romantisch!

Das Problem sei, sagt Martha und nippt an ihrem Milchschaum, dass sie sich gar nicht würdig gefühlt hätte, dieses gesunde Essen zu sich zu nehmen, verschwitzt wie sie war. Geradezu eklig hätte sie sich gefühlt neben dem Müslimann. Ich biete ihr eine Zigarette an. Martha schüttelt den Kopf.

»Er mag das nicht so gerne.«

Aha. Ich nehme einen Zug.

»Er lebt nämlich gesund.«

Soso.

»Er macht sogar Yoga!«

Sofort fühle ich mich schlecht, und dann ärgere ich mich darüber, dass ich mich schlecht fühle. Zur Beruhigung bestelle ich erst mal ein Glas Wein.

»Also mir wird übel von Müsli«, sage ich.

Martha guckt mich an.

»Unsinn!«, sagt sie und wedelt mit der Hand den Rauch weg. »Von gesunden Sachen wird einem nicht übel.«

Ach ja? Und was ist mit Laktoseintoleranz, Getreideunverträglichkeit und Steinobstallergie? Dürfte es folgerichtig alles gar nicht geben. Gibt es aber. Genau wie die Tatsache, dass Magenschmerzen nach einer großen Portion Pommes augenblicklich verschwinden.

Nein, dazu gibt es keine Studie. Aber bei mir funktioniert's.

»Ich geb dir eine Woche«, sage ich zu Martha.

»Wofür?«

»Bis du der Feind bist und ich deine Nummer löschen muss.«

»Versteh ich nicht.«

»In einer Woche hat dich der Müslimann so weit, dass du freitagabends nicht mehr weggehst, weil du samstags was vom Tag haben willst. Und dann geht ihr auf dem Wochenmarkt einkaufen. Am Demeter-Stand!«

»Niemals!«, sagt Martha. So scharf, dass sich die Leute an den anderen Tischen zu uns umdrehen. Sie atmet aus und greift nach meinen Zigaretten.

»Ich darf doch ..?«

»Klar.«

Martha zündet sich eine Zigarette an, inhaliert und zischt:

»Du weißt ganz genau, dass ich mich niemals für einen Mann verändern würde.«

Ich nicke beruhigend. Natürlich nicht. Das hat ja auch noch nie eine Frau vor ihr gemacht.

Wir schweigen ein bisschen vor uns hin, während Martha ihre Zigarette raucht, sie dann ausdrückt und das Gesicht verzieht.

»Bah. Eigentlich sollte ich wirklich aufhören.«

»Siehst du, genau das meine ich!«, rufe ich.

»Immer dieses ›Eigentlich sollte ich blabla‹. Aufhören zu rauchen, weniger trinken, mehr Sport machen, gesünder essen … Wie das nervt! Dann lass es halt. Aber hör auf, ständig drüber zu reden, echt mal.«

Kurze Zeit später verabschiedet sich Martha. Angeblich muss sie zum Pilates.

Ich bleibe sitzen. Halte das Gesicht in die wärmende Märzsonne, die dafür verantwortlich ist, dass halb Berlin keine Lust hat zu arbeiten, jedenfalls nicht im Büro. Nein, die Menschen sitzen allesamt vor Cafés in der Sonne und tippen geschäftig auf ihren Laptops herum. Eigentlich wollte ich ja ein bisschen schreiben, aber ich lasse mein MacBook dann doch lieber in der Tasche. Nachher denkt noch jemand, ich wäre auch einer von diesen jungen, hedonistischen Kreativen, die nach der Schule, spätestens aber nach dem Studium aus der Kleinstadt geflüchtet sind und jetzt was mit Medien machen.

Stattdessen beobachte ich die anderen Leute und überlege mir, wie die wohl so sind. Der Bärtige mit der großen Brille am Nebentisch würde ohne Bart wahrscheinlich aussehen wie 19. Seine Akademikereltern finanzieren ihm sein iPad und die Altbauwohnung, die ebenso heruntergekommen wie teuer ist. Er kauft seine Kleider in kleinen Designerläden, weil er die Arbeitsbedingungen bei H&M nicht erträgt – aber eigentlich erträgt er es nur nicht, wenn jemand im gleichen T-Shirt rumläuft wie er.

Oder die Blonde da hinten, mit dem Dutt oben auf dem Kopf, die gerade die Bauernschnitte mit Fenchelsalami und Rucola isst. Sie verachtet Fast Food, außer wenn sie sonntagmorgens um fünf betrunken aus dem Club fällt, da schiebt sie sich schon mal einen Döner rein. Am nächsten Tag wacht sie dann mit einem schlechten Gewissen auf und geht ins Fitnessstudio, schnell, schnell, die Sünden tilgen.

Hihi, das macht Spaß. Ob der Müslimann auch so einer ist? Bestimmt. Ich stelle mir vor, wie wir uns treffen und er mir erklärt, wie ich mein Leben leben soll.

Müslimann:
Fitness-Studios finde ich ja total überbewertet, auch diese Leute, die da immer hingehen … Nein, das ist nichts für mich. Yoga ist da schon was ganz anderes, ehrlich, auch für die Psyche. Und grade du solltest unbedingt was tun, du sitzt doch den ganzen Tag am Schreibtisch, oder? Ich trinke ja übrigens auch keinen Kaffee mehr, nur noch Mate-Tee, der ist supergesund, und wenn man sich dran gewöhnt hat, dann schmeckt er sogar gut. Sowieso ist ja heutzutage alles derart mit künstlichen Aromen versetzt, dass in unserer Gesellschaft niemand mehr weiß, wie die Sachen eigentlich schmecken. Das ist schon traurig. Deshalb trinke ich morgens auch immer ein Glas Apfelessig, so zum Entgiften.

Nennt sich Detox, das ist quasi das neue Botox, ganz ohne Chemie und Nebenwirkungen. Ob das glücklich macht? Na ja, das nicht. Aber wer ist das schon, glücklich.

Aua! Ich drehe mich nach rechts, um zu sehen, welcher Idiot gerade meine Schulter gerammt hat. Es ist ein Kinderwagen. Offenbar hat die Besitzerin nicht mal gemerkt, dass ich existiere. Kein Wunder: Sie ist eine dieser Spätgebärenden, die ihre grauen Strähnen okay und ihr Kind unwiderstehlich finden. Eine, die schon alles erlebt hat. Vor zwanzig Jahren hatte sie einen Iro und eine Band, hat ein paar Drogen ausprobiert und was mit Geisteswissenschaften studiert. Mit Ende dreißig lernte sie ihren Mann kennen, wurde nach einem halben Jahr schwanger, hörte auf zu rauchen und seitdem das Kind da ist, ernährt sie sich vegetarisch und glutenfrei und natürlich kauft sie nur noch im Bioladen ein. Das Kind soll schließlich gesünder aufwachsen als sie!

Aber irgendwann wird er kommen, der Tag, an dem das Kind nach Gebäck mit Weißmehl verlangt, und dann wird sie sich fragen, warum, denn sie hat doch eigentlich alles richtig gemacht.

Ach Ökomutti, komm, ramm mich noch mal. Ehrlich. Das tut dir gut. Ich lächle sie an und entschuldige mich dafür, dass ich ihr im Weg sitze. Wenn das jeder machen würde!

Als die englischsprachige Kellnerin vorbeikommt, bestelle ich mir noch einen Cappuccino. »Unser Kaffee ist aus glücklichen Bohnen«, lese ich auf der liebevoll gebastelten Speisekarte. Früher waren es nur die glücklichen Schweine auf dem Biobauernhof, dann gab es glückliche Eier, und jetzt darf sogar der Kaffee keine schlechte

Laune mehr haben. Wie anstrengend! Aber klar, die Nachfrage bestimmt das Angebot, und es gibt eben sehr viele Menschen, die nur glücklich sind, wenn es der Kaffee auch ist.

All das beschreibt ganz gut, was hier um mich herum passiert: Es bildet sich eine Ökodiktatur.

Im Englischen gibt es den Begriff des *muesli belt* für das typische Viertel ökologie- und gesundheitsorientierter Mittelklassebürger mit Ernährungsbewusstsein. Die Menschen, die dort wohnen, heißen Lohas (ein Akronym für *Lifestyle of Health and Sustainability*), und obwohl sie sich vom Strickpulloverimage der früheren Ökos distanzieren, wollen sie auch irgendwie nachhaltig und gesund und verantwortungsbewusst leben. Vor allem aber wollen sie konsumieren. Natürlich mit gutem Gewissen, darum kaufen sie das einfach mit. Dann haben sie auch noch was für den Regenwald getan, da zahlt man doch gerne ein bisschen mehr, stimmt's?

Manchmal denke ich schon, dass diese Leute einen an der Waffel haben. Und in der Waffel, die von kichernden Elfen bei Vollmond gepflückt wurde, tragen sie vermutlich neue Eiskreationen mit sich herum. Hallo, ich hätte gerne drei Kugeln, und zwar Dinkel, Roggen und Gerste. Ach nee, doch lieber ein Vollkornspaghettieis. Was zum Naschen – man gönnt sich ja sonst nichts –, aber gesund soll es schon sein, bitteschön.

Lohas sind Ökos mit Glitzer obendrauf, und die ganze Stadt ist voll von ihnen. Vermutlich wird es schon bald einen anderen, einen neueren Namen für sie geben.

Etwa Glöko.

Oder Ögli.

Oder irgendeine andere absurde Wortneuschöpfung.

Aber ganz egal, wie sie sich nennen: Sie haben keine Ahnung, was es bedeutet, von Ökos der ersten Stunde erzogen worden zu sein.

2 Das Müslimädchen wird geboren, Mitglied einer Kartoffelfamilie und Außenseiterin. Dabei wäre es viel lieber Prinzessin.

Es gab einmal eine Zeit, in der Heranwachsende mit Plastikschnullis um den Hals herumliefen. Der Schnulli war kein Gebrauchsgegenstand, sondern ein Modeaccessoire. Manche nuckelten sogar daran, was nicht infantil aussehen sollte, sondern ironisch, aber ironischerweise doch ziemlich infantil wirkte. Es waren die Neunziger, und schlechter Geschmack war der neue gute Geschmack.

Auch an unserer Kleinstadt ging dieser Trend nicht spurlos vorüber. Im Spielzeugwarenladen gegenüber der Eisdiele gab es hässliche Trolle mit neonfarbenen Haaren, Klebetattoos und riesige Gläser mit eben diesen bonbonbunten Plastikschnullis, die 50 Pfennig das Stück kosteten. Kitschig, ja. Aber so toll!

Meine beste Freundin Nora und ich standen täglich vor der schwierigen Entscheidung, ob wir unser Taschengeld lieber für eine Kugel Eis oder einen weiteren Schnulli ausgeben sollten, den wir dann zu den anderen auf unsere Halsketten fädeln oder an den Schulranzen hängen konnten.

Nora wohnte zwanzig Sekunden von meinem Haus entfernt (wenn man rannte und kein Auto kam, wir hatten die Zeit gestoppt) zusammen mit ihren Eltern, die alle drei Jahre ein Kind produzierten. Nora war das erste, danach kamen noch ein Bruder und eine Schwester. Und zwei Katzen, die holten sie allerdings vom Bauernhof. Nora war die Schwester, die ich nie hatte und andersrum genauso. Also, sie hatte zwar eine Schwester, aber die war zu klein, als dass man etwas mit ihr hätte anfangen können.

Ich war unglaublich gerne bei Nora, denn dort war alles ganz anders als in meiner Familie. Schon der Geruch in der Wohnung unterschied sich elementar von dem in unserer. Bei ihr roch es nach Weichspüler, Tupperware und Gummibärchen. Bei uns roch es nach Öko.

Öko war damals noch ein Schimpfwort. Meine Eltern kauften das Essen am Demeter-Stand auf dem Wochenmarkt, die Waschnüsse im Bioladen und den Brotaufstrich im Reformhaus. Auf die meisten Leute in unserer Stadt, die sich »große Kreisstadt« nannte, aber eigentlich ein Dorf war, wirkten wir wie ein Relikt aus Hippie-Zeiten: irgendwie durchgeknallt, esoterisch – und vor allem verstaubt.

Die Ökos trugen selbst gestrickte Pullis, Birkenstock-Sandalen und Jutetaschen, aus denen verschrumpelte Möhren herausragten. Sie machten Urlaub auf dem Campingplatz, lebten nach der Lehre von Rudolf Steiner und schickten ihre Kinder auf die Waldorfschule. Das war zumindest das Klischee.

Und meine Eltern erfüllten dieses Klischee ziemlich gut, außer dass sie mich nach einer langen Diskussion auf eine ganz normale Schule gehen ließen. Dort fiel natürlich erst recht auf, dass ich irgendwie anders war.

Mein ganzer Neid galt den Schlüsselkindern, deren Eltern beide ganztags arbeiteten und die sich Fertigessen in der Mikrowelle aufwärmten. In meiner Vorstellung machten sie ihre Hausaufgaben vor dem Fernseher, während der Disney Club lief, und fuhren abends mit ihren Eltern zu Aldi, um Stracciatellajoghurt in riesigen Bechern und palettenweise Softdrinks zu kaufen. Ihren Urlaub verbrachten sie in den USA, zum Frühstück gab es Croissants mit Nutella und Nudeln nannten sie »Pasta«. Wir hingegen waren eine Kartoffel-Familie. Erde zu Erde, Staub zu Staub.

An einem Mittwochnachmittag, wir trafen uns auf halbem Weg zwischen unseren Wohnungen, kam mir Nora entgegen und schaute ungeheuer zufrieden an ihrem Arm herunter.

»Schau mal, was ich hier hab!«

An ihrem zartbeflaumten Handgelenk trug sie eines dieser Armbänder, die man bei der Geburt im Krankenhaus bekommt, damit die Babys nicht verwechselt werden. Rosa Perlen für die Mädchen, hellblaue für die Jungs, auf jeder Perle ein Buchstabe, die zusammen den Namen ergeben. Das Armband war anbetungswürdig. Und Plastikschnullis plötzlich überhaupt nicht mehr interessant. Angeblich trugen jetzt alle nur noch ihre Krankenhausarmbändchen, die bisher ein freudloses Dasein in einem Babyalbum gefristet hatten, neben Größen- und Gewichtszunahme und den ersten Lauf- und Sprechversuchen.

Nur. Ich. Hatte. Kein. Armbändchen.

Und das kam so: Als bei meiner Mutter an einem 31. März abends um acht die Wehen einen Abstand von fünf Minuten erreicht hatten, rief sie kein Taxi. Sie ließ sich auch nicht von meinem Vater in das nächstgelegene

Krankenhaus fahren. Nein, meine Eltern warfen die Kliniktasche in ihren babykackgelben Opel Kadett und rasten eine Stunde lang über die Autobahn in ein Geburtshaus. Es war das einzige im Umkreis von einigen hundert Kilometern und sollte Frauen dabei unterstützen, bewusst, selbstbestimmt sowie körperlich und seelisch gesund mit ihrer Schwangerschaft, der Geburt und ihrem Neugeborenen umzugehen.

Meine Mutter war schon beim ersten Besuch von der persönlichen Atmosphäre begeistert gewesen. Regelmäßig hatte sie sich während ihrer Schwangerschaft mit Gitte und Barbara, die ebenfalls bald Mütter wurden, darüber ausgetauscht, ob Verwandtenbesuch direkt nach der Geburt dem Baby möglicherweise schaden könnte. Außerdem hatten sie gelernt, wie man Babybrei kocht und Stoffwindeln richtig wickelt. Die waren nämlich günstiger als Plastikpampers und verursachten weniger Müll. (Den Benzinverbrauch für die zahlreichen Fahrten ins Geburtshaus hatte sie in ihrer persönlichen Ökobilanz sicherlich eingerechnet.) Die Autofahrten hatte sie genutzt, um Windelhöschen aus Schafswolle zu stricken, der zarte Babypopo sollte später schließlich atmen können.

Im Gegensatz zu einem normalen Krankenhaus gab es im Geburtshaus nur sieben Betten in vier Zimmern und eine Hebamme. Außerdem den Mann der Hebamme, der die Mütter bekochte.

Dort wird es bestimmt so richtig nett, hatte sich meine Mutter gedacht. Kein Tropf, kein OP-Zimmer, keine weiß gekleideten Ärzte, keine Krankenhausatmosphäre. Sie war ja schließlich nicht krank, sondern erwartete nur ein Kind. Das ist etwas ganz Natürliches, nicht wahr.

Als meine Eltern das Geburtshaus betraten, brüllte die Frau im Nebenzimmer wie ein Schwein, das gerade abgestochen wird. Meine Mutter war entsetzt. So hatte sie sich das nicht vorgestellt, Natur hin oder her. Sei's drum, dann musste das Kind eben drinbleiben.

»Komm, wir gehen wieder!«, flüsterte sie, packte meinen Vater und zerrte ihn Richtung Auto.

Schnell weg hier. Doch sie hatte die Rechnung ohne die Hebamme gemacht, die soeben im Türrahmen auftauchte.

»Wo wollen Sie denn hin?«

Sie sah genauso aus, wie man sich eine Hebamme vorstellt, mit Händen groß wie Baggerschaufeln und einer praktischen Kurzhaarfrisur.

»Ich hab es mir anders überlegt«, sagte meine Mutter. »Ich will doch kein Kind bekommen.«

»Dafür ist es jetzt ein bisschen spät.«

Die Hebamme nahm meine Mutter am Arm und führte sie mit sanfter Gewalt in ein freies Zimmer. Dann legte sie sich erst mal schlafen, denn sie hatte in den letzten 24 Stunden ein Kind nach dem anderen auf die Welt geholt, da half nun auch kein Kaffee mehr. Neumond eben. Da werden die Babys im Bauch gerne zappelig.

»Holen Sie mich, wenn Sie mich brauchen.«

»Ehm. Und wann ist das?«

»Das merken Sie schon. Glauben Sie mir.«

Mein Vater machte die Musik an, die sie mitgebracht hatten. Mozart, Konzert für Klavier und Orchester, in C-Dur. Was fürs Herz! Und für den Blutdruck! Dann lasen sie noch ein wenig in dem Babybuch *Neun Monate* von Bärbel Maiwurm, das 1981 im Frauenbuchverlag erschienen war.

Darin gab es neben Geburtsberichten und Psychotests

(»Der richtige Vater für Ihr Kind«) eine hilfreiche Fotostrecke (»Wie verberge ich meinen Zustand? Durch das Tragen eines Pappkartons, der durch breite Hosenträger gehalten, Ihren Zustand bis kurz vor der Niederkunft unauffällig, aber doch wirksam zu kaschieren vermag«) und ein Kapitel über den Zusammenhang zwischen dem weiblichen Zyklus und dem Mond. Außerdem gesellschaftskritische Artikel mit der Überschrift »Ist wirklich Gift in der Muttermilch?« oder »Tötet Nestlé Babys?«. Darin hieß es unter anderem: »Das Süßholzgeraspel, mit dem auch wir von den Babykostherstellern zur Genüge eingedeckt werden, erscheint einem nur noch zynisch angesichts der Tatsache, daß hier skrupellos über Kinderleichen gegangen wird, nur um Profitinteressen durchzusetzen.«

Dazwischen war Platz für persönliche Notizen, was meine Mutter ganz offensichtlich nicht mit dem nötigen Ernst erledigt hatte. »Man kann die Füßchen richtig deutlich sehen und von außen dagegen drücken, dann geht's weg und kommt an einer anderen Stelle wieder raus. Hihi, jetzt können wir unseren Knirps schon an den Füßen kitzeln und ein bisschen ärgern!«

Ja, haha. Während sie sich so die Wehenpausen vertrieben, verging die Nacht, und draußen begann es zu schneien.

Mama:
Klar tut eine Geburt weh, aber niemals würde ich so rumbrüllen wie die Frau im Nebenzimmer. Die hat mir richtig Angst gemacht, eine Frechheit ist das. Also ich hab mich ja zurückgehalten – was sollen die anderen Mütter sonst denken! Ich hab mich auf die Musik konzentriert und geatmet, und dann kamst du auch schon.

Als grade mal dein Kopf draußen war, hast du schon angefangen zu schreien, da hab ich gedacht: Das Kind macht später was mit Gesang, genau wie ich. Es hat auch niemand geredet, sodass ich schon dachte, es wäre was nicht in Ordnung, dabei haben sie nur gewartet, bis ich etwas sage. Ein Baby soll nämlich als Erstes die Stimme von seiner Mutter hören. Wegen der Bindung.
Als du dann auf meinem Bauch lagst und ich gefragt habe, was es denn ist, da hat die Hebamme gesagt: ein Mädchen. Da war ich ganz baff, weil ich während der Schwangerschaft dreimal geträumt habe, dass ich einen Bub bekomme. Und dann so was, das war schon verrückt. Aber was soll man von einem Aprilscherz auch erwarten.

Papa:
Als du da warst, hab ich als Erstes nachgezählt, ob auch alles dran ist. Zehn Zehen, zehn Finger. Ist vielleicht die Pianistenehre. Dann hat die Mama gefragt, was es ist, und die Hebamme hat gesagt: ein gesundes Mädchen. Dass du gesund bist, war das Allerwichtigste, alles andere war eigentlich egal.

Hebamme:
Scheiß Neumond.

Nachdem die Geburt vorbei war, und ich die Brust, eine Abreibung und eine Stoffwindel bekommen hatte, sollte ich in mein Bettchen gelegt werden. Nur war leider keins mehr frei. In den sieben Betten lagen schon sieben Zwerge. Was war ich, etwa Schneewittchen?

Da hatte die Hebamme eine Idee. Sie hatte doch noch

den alten Stubenwagen aus geflochtenen Weidenzweigen, in dem schon ihre eigenen Kinder gelegen hatten. Er war zwar alt, aber zweckgemäß. Sie schob ihn neben die anderen Bettchen und legte mich hinein. Ohne Armband. Brauchte ich ja nicht, wer sollte mich schon verwechseln.

»So war das nämlich«, sagte ich zu Nora. »Ich hatte als Einzige einen Stubenwagen.«

»Hm.«

»Und weißt du was, der Stubenwagen hatte sogar einen Himmel!«

Wir wollten später mal Prinzessinnen werden, was sich bislang aber auf das Malen von ebensolchen beschränkte. Außerdem taten meine Eltern alles, um das zu verhindern, indem sie mich in karierte Hemden und Latzhosen steckten. Aber ein Himmelbett, das war ja wohl ziemlich prinzessinnenhaft. Oder?

»Hm.«

»Und ich bin an einem Sonntag geboren!«

»Ja, aber du hast trotzdem kein Armband.«

So einfach war das. Keine Prinzessin, kein Armband, Außenseiterin von Geburt an. Ich hatte nichts. Nur Eltern, die anders waren als der Rest. Wo war ich da nur gelandet.

3 Das Müslimädchen wird musikalisch früherzogen und Klugscheißer. Es verliert einen Zahn und rächt sich an seinem Vater.

In meiner Straße gibt es einen bilingualen Kindergarten, in dem die Kinder Mandarin lernen. Mandarin! Die kleinen Mädchen und Jungs, die dort von ihren Eltern abgeholt werden, sehen ziemlich biodeutsch aus. Und sie sind vor allem sehr klein, eben wie Kindergartenkinder, aber sie lernen eine der schwierigsten Sprachen der Welt. Weil ihre Eltern das wollen.

Ich frage mich, was man später wird, wenn man schon im Mutterbauch mit Englisch-Vokabeln beschallt wird, als Baby mit Handzeichen kommuniziert und sonntags wahlweise Kinder-Yoga oder Krabbel-Gottesdienste besucht? Vollhorst, meint Martha. App-Entwickler, meint Emil. Marketingchefin der chinesischen Dependance eines Börsenunternehmens, hoffen vermutlich die engagierten Eltern.

Alles falsch. Man wird Klugscheißer. Die Eltern der kleinen Karo-Melittas und Hans-Würstchen sollten sich gut überlegen, ob ihr Kind später wirklich in allem besser sein soll als die anderen, denn niemand möchte mit einem besserwisserischen Arsch befreundet sein.

Meine Eltern waren da zum Glück anders. Sie wollten, dass ich auf Bäume klettere, Feuerkäfer fange, Schatzkisten im Garten vergrabe und Beeren vom Strauch esse. So romantisch! Und so weltfremd. Denn sie hatten etwas übersehen: Sie gehörten zur akademischen Mittelschicht. Und diese Menschen können gar nicht anders als zu fördern, dazu braucht es nicht mal Kinderturnen, Musikschule oder irgendwas mit Kunst.

Später sind sie dann ein bisschen enttäuscht, weil das Kind zuerst Geisteswissenschaften studiert und dann einen Computerjob hat und Rücken, dabei hatten sie doch insgeheim gehofft, es würde einen naturbezogenen Beruf erlernen, in dem es mit eigener Hände Arbeit wunderbare Dinge erschafft. Etwa Schreiner. Oder Landschaftsgärtner.

Dafür sitzen die akademischen Mittelschichtseltern aber zu gerne am Esstisch, lesen sich gegenseitig aus der Zeitung vor und unterhalten sich über ihre Arbeit. Und das Kind hört zu (was soll es auch sonst tun). Und lernt. Was der Appendix ist und wie man ihn am besten entfernt. Dass der Paragraph 32 im Strafgesetzbuch bedeutet, dass man nicht rechtswidrig handelt, wenn man eine Tat begeht, die aus Notwehr geboten ist. Oder, in meinem Fall, dass Dur-Tonarten fröhlich klingen, Moll-Tonarten hingegen traurig.

Meine Eltern sind Musiker. Da wird mit Stimmgabeln gegessen, mit dem Notenschlüssel die Tür aufgemacht und sehr viel Wert auf Takt gelegt. Zum Sonntagsfrühstück gab es Handkäs mit Musik, meistens Mozart oder Bach, und wenn meine Mutter nicht gerade Klavier oder Gesang unterrichtete, bearbeitete mein Vater den Flügel.

In allen Dingen schlief ein Lied und meistens schnarchte es dabei. Meine Mutter pfiff beim Spülen, mein Vater nur, wenn er gute Laune hatte, und weil Musiker auch immer viele Musikerfreunde haben, war immer jemand zu Besuch, der sich darum kümmerte, dass der Lautstärkepegel konstant blieb. Besonders gerne saßen die Musikerfreunde auf dem Klo und schmetterten inbrünstig irgendwelche Arien, derrrr Hölle Rrrrache kocht in meinem Herrrrzen, und wenn sie danach wieder ins Zimmer kamen sagten sie: »Wunderbar, die Akustik bei euch im Bad!«

Die Musik war überall. Und es gab kein Entkommen.

Das lag auch daran, dass unsere erste Wohnung so groß war, wie sie sich mittellose Studenten, die ein Kind erwarten, eben leisten können: klein.

Im Wohnzimmer war geradeso Platz für den schwarz lackierten Flügel meines Vaters, ein speckiges Sofa und ein Ivar-Regal aus Kiefer, in dem sich Bücher und der Plattenspieler befanden. Im Eltern-Schlafzimmer stand nicht nur das Bett, sondern auch das alte Klavier meiner Mutter, das sie auf dem Flohmarkt erstanden hatte, und auf dessen Kerzenleuchter sie besonders stolz war.

Wenn sie darauf Unterricht gab, spielten die Klavierschüler *Für Elise*, und wenn sie an einer Stelle nicht weiterkamen, klopfte ich rhythmisch mit meinen Bauklötzen auf den handgewebten Wollteppich. Als ich älter war, hörte ich mir stundenlang die Tonleitern und Mi-mi-mis der Gesangsschüler an.

Schlimm, wie sich die Schüler quälten, das hohe C zu erreichen. Zum Beispiel Nele. Sie studierte Mathe und Deutsch auf Lehramt und machte das mit der Musik »nur so zum Spaß« – was man auch hörte.

»Al-le Wi-hin-de schla-fen a-hauf dem Spie-hie-gel der Flut.«

Ich sah von meinen Hausaufgaben auf und schüttelte den Kopf. Nele schaute mich an und brach ab.

»Was ist los?«, sagte meine Mutter.

Nele deutete auf mich.

»Es gefällt ihr nicht.«

»Aha«, sagte meine Mutter.

Ich malte weiter Buchstaben auf das Papier.

»War die Intonation falsch?«, fragte Nele. Sie war verunsichert.

»Nein«, sagte meine Mutter.

»Nein«, sagte ich. »Aber der Ansatz war unsauber.«

»Das stimmt«, sagte meine Mutter. »Also Nele, nochmal von vorne.«

Nele brachte mir dann immer Geschenke mit. Damit ich die Klappe hielt.

Die akademischen Mittelschichtseltern, die ihre Kinder in den chinesischen Kindergarten schicken, legen aber nicht nur Wert auf deren Förderung, sondern auch darauf, alles Böse von ihnen fernzuhalten. Scheidungen, Pornos, Killerspiele, Drogen und Kinder aus bildungsfernen Familien. Dabei übersehen sie jedoch, dass bildungsbürgerliche Erziehung nicht notwendigerweise vor psychosozialen Defekten schützt.

Papa:

In der Fremde ist ein Gedicht von Joseph von Eichendorff, das Robert Schumann 1840 vertont hat. Der Text lautet: Aus der Heimat hinter den Blitzen rot / Da kommen die Wolken her / Aber Vater und Mutter sind lange tot / Es kennt mich dort keiner mehr / Wie bald, ach wie bald kommt die stille Zeit / Da ruhe ich auch, und über mir / Rauscht die schöne Waldeinsamkeit / Und keiner kennt mich mehr hier. Es gehört zum Liederkreis Opus 39, der zwölf Gedichte umfasst und sehr berühmt ist. Die Tonart Fis-Moll wurde von Schumann oft bei schmerzlichen Stim-

mungen eingesetzt, was durch die verminderten Sept-Akkorde und die Dissonanzen noch verstärkt wird. Obwohl das Lied im Viervierteltakt geschrieben ist, wird die zweite und vierte Note akzentuiert, was die Blitze lautmalerisch beschreibt. Doch dann! Im Mittelteil gibt es eine Aufhellung, nämlich die Rückführung nach Dur, was wie eine Heimat wirkt. In der ganzen Komposition steckt so etwas wie eine Gesamtexistenz über den Tod hinaus, also eigentlich etwas sehr Urweltliches und bei aller Schlichtheit sehr Seelentiefes. Es ist ein romantisches Stück, im Sinne von beseelt, empfindsam, was sicherlich auch an der kongenialen Zusammenarbeit von Schumann und Eichendorff liegt.

Mein siebenjähriges Ich hatte kein Interesse an Gesamtexistenzen. Stattdessen kamen genau drei Dinge bei mir an.

1. rote Blitze
2. tote Eltern
3. traurige Musik.

Jeder Psychologe würde für so einen Fall seine eigene Mutter verkaufen und freudig in die Hände klatschen.

Psychologe:
Ähm, also das ist ja total offensichtlich, nicht wahr. Da liegt ganz klar eine Störung des Urvertrauens vor. Das Kind hat durch dieses durchaus problematische Lied gelernt, dass Gewitter sehr gefährlich sind, wurde aber nicht durch die, ähm, liebenden Arme der Eltern aufgefangen, nein, es wurde mit seiner Angst alleingelassen. Denn die Eltern – und genau dazu sind selbst kleine Kinder schon in der Lage, also Zusammenhänge zu erkennen – sind ja tot. Sie können es also nicht retten. Niemals. Im weiteren Verlauf seines

Lebens wird das Kind mit großer Wahrscheinlichkeit erstens Blitze immer als etwas tief Bedrohliches empfinden und zweitens möglicherweise eine Verlustangst entwickeln, da es sich seiner Eltern nie wirklich sicher sein kann. Später äußert sich diese psychische Schädigung oft in einem Kontrollzwang, welcher wiederum zu eklatanten, ähm, Beziehungsstörungen führen kann.

Oder so. Auf jeden Fall musste ich jedes Mal weinen, und da meine Eltern nichts davon hielten, ihre Tochter zu quälen, spielten sie das Lied einfach nicht mehr. Killerspiele gefährden die seelische Entwicklung? Scheidungen traumatisieren ein Kind? Ja und ja. Aber angesehenes Kulturgut auch.

Abends, wenn ich ins Bett musste, hatte mein Vater endlich Zeit, auf seinem Flügel zu spielen. Weil das Wohnzimmer nur durch eine dünne Wand vom Kinderzimmer getrennt war, konnte ich optimal von den Fingerübungen meines Vaters profitieren.

Nun ist es ein Unterschied, ob jemand Klavier spielt oder Klavier übt. Um sich schöne Lieder anzuhören, gehen Menschen sogar in Konzerte und investieren einen Teil ihres hart verdienten Geldes. Und kein Nachbar regt sich auf, wenn aus der Nebenwohnung eine Sonate von Beethoven erklingt, die sich anhört wie vom Band. Aber wehe, jemand übt Tonleitern. Oder immer wieder die gleiche Stelle, wie eine Platte, die einen Sprung hat. *Wer reitet so spät durch Nacht und Wind? Es ist der Vater mit seinem Kind.* Am Ende vom Lied ist das Kind tot. Ich konnte nicht verstehen, warum es mein Vater nicht auf die Reihe bekam, endlich diese vier Takte zu spielen. Das war doch nicht so schwer!

Ich würde gerne aus meiner Haut fahren, aber ich weiß nicht wohin. Ich strample die Decke weg und mache eine Kerze, bis mir das ganze Blut in den Kopf geflossen ist und in meinen Ohren pocht, lauter als die Musik. Aber dann bekomme ich keine Luft mehr und entkerze mich wieder, Wirbel für Wirbel, knack knack knack, und dann liege ich da und alles tut weh.

Ich bin immer noch sehr wach. Ich lege mich andersrum ins Bett, mit den Füßen auf dem Kopfkissen und dem Kopf unter der Decke. Wie Pippi Langstrumpf. Sie sagt, das ist die einzig richtige Art zu schlafen, weil man da mit den Zehen wackeln kann. Ich wackel mit den Zehen. Es hilft nicht.

Dann wackel ich an meinem Zahn. Es ist der Schneidezahn oben rechts und er sitzt noch ganz fest, aber da er ein Milchzahn ist, muss er eh irgendwann raus, also warum nicht jetzt. Eine Stunde wackel und rüttel und zuckel ich am Zahn herum, dann tropft mir Blut aus dem Mund, und ich renne ins Bad, wo ich das Blut ins Waschbecken spucke und mich freue, weil alles ganz rot wird.

Im Spiegel sehe ich, dass der Zahn nur noch an einem kleinen Faden hängt. Ich packe den Zahn und drehe ihn, einmal, zweimal, dreimal, wann reißt dieser blöde Faden endlich ab? Er will einfach nicht loslassen, bestimmt weil es ihm so gut gefällt in meinem Mund, mit der ganzen Schokolade.

Irgendwann reißt mir der Geduldsfaden und der, an dem der Zahn hängt, auch. Jetzt sehe ich richtig scheiße aus, also so wie Erwachsene Kinder süß finden, mit ihren zu großen Nasen und Zähnen und Zahnlücken und ihren eckigen Ellbogen, aber kleine Jungs finden andere Mädchen süß.

Ich gehe zurück ins Bett und erfinde eine Oper. Das

kann ich gut, mit allem drumherum, Orchester, Sänger und so weiter, aber leider passiert das alles nur in meinem Kopf, denn ich kann ja keine Partituren schreiben. Schade eigentlich.

Einige Wochen später, nämlich als mein Vater alle Stücke, die er abends geübt hat, in einem Konzert vorspielt, räche ich mich. Für die schlaflosen Nächte und die Augenringe, die ich noch nicht mit Concealer abdecken kann, weil ich dafür zu jung bin.

Ich ziehe mein schönstes Kleid an, sitze zwei Stunden lang still auf meinem Stuhl und lese im Programmheft die Texte mit. Danach, wenn die Leute klatschen und trampeln und aufstehen und weiterklatschen, weil sie alles so toll finden, was mein Vater da auf der Bühne geleistet hat, gehe ich nach vorne und überreiche einen Blumenstrauß. Manche Zuhörer müssen dann ein bisschen weinen vor Rührung, weil die Tochter mit dem Lockenkopf und der Zahnlücke so entzückend aussieht und ihren Vater sehr liebhaben muss, und mein Vater weint auch, aber das sehe nur ich, weil ich ganz nah an ihm dran stehe.

Später gehen wir in ein schickes Restaurant, mit den ganzen Leuten, die meinen Vater verehren, und weil niemand aufpasst, bestelle ich alles, was ich will: Nizzasalat und Pommes und Eis und eine Spezi und dann noch eine.

Ich warte ab, bis alle sitzen und essen und das laute Stimmengewirr nur noch ein Raunen ist und hole tief Luft.

»Papa«, sage ich dann, »du hast dich dreimal verspielt.« Das ist mein Trumpf. Schließlich habe ich mitgeübt, wenn auch unfreiwillig. Ich zähle die Stellen auf, an denen mein Vater Fehler gemacht hat, und die Leute am Tisch lachen. Wie niedlich, denken sie, so ein neunmalkluges Kind. Zum Glück haben wir so eins nicht zu Hause.

Wer sich nicht ärgerte, war mein Vater. Tatsächlich freute er sich über seine talentierte Tochter und fand, es sei an der Zeit, dass sie ein Instrument erlerne.

Ich wählte Blockflöte. Am besten gefiel mir daran, dass meine Eltern keine Ahnung davon hatten. Um es ihnen so richtig zu zeigen, wollte ich einmal alle Blasinstrumente spielen können, die es gibt. Zuerst die Blockflöten: Sopran-, Alt-, Tenor-, Bass- und Sopranino. Dann die Piccoloflöte und die Querflöte. Später Klarinette und Oboe. Leider kam ich nur bis zur Altflöte, denn ich war es leid, meinen Freunden immer wieder zu erklären, dass Blockflöte keinesfalls nur ein Instrument für Erstklässler ist. Ein Instrument ohne Glamour zwar, das aber definitiv mehr Wertschätzung verdient hätte.

Klavierspielen hingegen war schwer in Mode. Damit konnte man sogar Keyboarder in einer Band werden! Wenn das keine Aussichten waren.

Der Tag, an dem ich beschloss, Klavierunterricht zu nehmen, war wahrscheinlich der glücklichste im Leben meines Vaters. Endlich würde die Tochter in seine Fußstapfen treten!

Und natürlich kam nur der beste Lehrer für die zukünftige Weltklassepianistin in Frage, in diesem Fall eine Lehrerin.

Ragna Barkholz hatte alles, was eine gute Klavierlehrerin braucht: eine Professur und einen Vogel. Der Vogel war ein Papagei, der auf den Namen Walther von der

Vogelweide hörte, von Frau Barkholz aber liebevoll Walther genannt wurde.

Einmal die Woche fuhr mich mein Vater zu Frau Barkholz. Sie wohnte in einem Haus mit Marmorboden im Flur und vielen alten Möbeln, und wir fingen nie pünktlich mit dem Unterricht an, sodass ich vorher nochmal auf die Toilette gehen konnte. Das musste ich auch, weil ich Schiss hatte. Ich war nämlich nie gut genug. Selbst wenn ich eine Woche am Stück geübt hätte ohne zu schlafen, wäre Frau Barkholz nicht zufrieden gewesen. Irgendwann öffnete sie die Tür, rief: »Frrrrrrranziska!« und winkte mich zu sich, während aus ihren schwarz gefärbten Haaren Funken sprühten. Ich huschte mit gesenkten Augen an ihr vorbei und setzte mich ans Klavier.

Überall im Zimmer lagen Noten herum und unter dem Klavier rumpelten drei Karnickel im Käfig, leider nicht im richtigen Takt. Walther hingegen saß auf dem Kronleuchter und ignorierte die Kundschaft. Nur wenn ich ein modernes Stück spielte, flog er hektisch einige Runden durchs Zimmer und landete auf der Schulter von Frau Barkholz. »Walther hält nicht viel von Jacques Ibert«, sagte sie dann und kraulte den fedrigen Papageienhals. Ich auch nicht, wollte ich sagen, doch Walthers Schnabel war gefährlich nahe an meinem linken Ohr. Also spielte ich weiter.

Mein Vater saß während meiner Unterrichtsstunden mucksmäuschenstill auf einem kaputten Stuhl in der Ecke des Zimmers, weil Frau Barkholz wollte, dass er meine Fortschritte verfolgt. Sie trug ihm außerdem auf, zu Hause meine Fingerübungen zu überwachen. Jeden Tag. Eine Stunde. Doch je geduldiger und bemühter er war, desto abstoßender fand ich das Klavier. Als ich irgendwann merkte, dass mir sogar die Mathehausaufgaben mehr Spaß machten als die Etüden von Czerny, beschloss ich mit dem Klavierunterricht aufzuhören. Und obwohl mein Vater enttäuscht war, dass ich nun doch nicht in seine Fußstapfen treten würde, akzeptierte er meine Entscheidung. Nur deshalb sind das Klavier und ich heute noch Freunde.

4 Ein langsamer Mensch verkauft Dinge in einem Naturkostladen. Das Müslimädchen tauscht sein Pausenbrot gegen Schokocroissants und träumt davon, Wagnerianer zu sein.

Regelmäßig wurde ich morgens von der Resonanzkatastrophe geweckt. Die Resonanzkatastrophe, das war meine Mutter. Sie polterte in mein Zimmer stampfte zum Fenster, zog den Rollladen mit einem Ruck hoch und sang ein von ihr erfundenes Wecklied, das zweifellos seinen Zweck erfüllte, nur leider nicht auf die Art, die ich bevorzugt hätte: gar nicht oder wenigstens sanft. Das Lied ging so: *Guten Morgen / mein Schatz / wach auf / hast du gut geschlafen?* Immer die gleiche Frage, und dann auch noch gesungen. Im zweistelligen Oktavbereich! Wenn es sich wenigstens gereimt hätte. Jeden Tag wartete ich darauf, dass das Fensterglas mit lautem Klirren in tausend Stücke zerspringen würde, aber das Einzige, was explodierte, war ich. Unter der Bettdecke, die ich mir vorher über den Kopf gezogen hatte.

Nach dem Aufstehen ging ich in die Küche, wo es immer ein bisschen zu kalt war und wo nie das Radio lief oder eine Eieruhr, sondern nur meine Nase. Die Heizung wurde aus Prinzip nicht vor November angemacht, und es gab nicht mal eine Mikrowelle oder einen Toaster, die ein wenig Wärme hätten spenden können. Und um das Anschalten des Backofens zu rechtfertigen, hätte es was zum Aufbacken geben müssen. Gab es aber nicht. Nur einen Laib Dinkelvollkornbrot und Butter, die beim

Aufstreichen Löcher ins Brot riss, weil meine Mutter nie daran dachte, sie rechtzeitig aus dem Kühlschrank zu holen. Dazu gab es selbst gemachte Johannisbeermarmelade, die beim Essen durch die Löcher im Brot kleckste und kleine rote Tropfen auf dem weißen Teller hinterließ.

Das war nicht das, was ich mir unter einem angemessenen Frühstück vorstellte, aber angeblich gab es ja Leute, die gerne spartanisch lebten. Ich malte mir aus, wie meine Eltern Erholungsurlaube anbieten würden für die Sorte Menschen, die eine Woche ins Kloster gehen oder zu einer Ayurveda-Kur nach Indien, um sich mal wieder auf das Wesentliche zu besinnen. Das hätten sie bei uns billiger bekommen! Auf dem Werbeflyer würde stehen: *Besser als im Kloster – buchen Sie jetzt einen Kurzurlaub bei der Müslifamilie. Bei uns gibt es das Abendmahl schon zum Frühstück und das Blut Christi gratis dazu.* Seltsamerweise hatten meine Eltern kein Interesse an dieser genialen Geschäftsidee. Dabei hätten wir uns davon ohne Weiteres ein opulentes Frühstück mit Croissants, Orangensaft, Rührei und Brötchen mit Nutella finanzieren können.

Ich entschied mich also, aus meinem täglichen Klosterurlaub das Beste zu machen, und aß heroisch mein Marmeladenbrot. Das war immer noch besser als die Alternative: Müsli. Was für eine absurde Idee, Haferflocken und Obst in Milch einzuweichen, bis die Konsistenz einem schlechten Händedruck gleicht. Zumal mir von der Milch sowieso übel wurde.

Und trotzdem verfolgte mich das Müsli bis in die Schule. In Form einer Köllnflocken-Tüte, in die meine Eltern das Pausenbrot einpackten. Wochenlang in die gleiche, um genau zu sein, weshalb ich sie auch nicht wegwerfen durfte. Ja, Recycling war das Lieblingshobby meiner Eltern, lange bevor es ein öffentliches Thema wurde.

Auch Energiesparen betrieben sie bereits, als die Energiesparlampe noch nicht einmal erfunden war. Early Adopters eben.

Einmal, in den Weihnachtsferien, wollte ich nach dem Frühstück wieder ins Bett gehen, um mein Buch zu Ende zu lesen. Ich hatte mir eine Wärmflasche mit heißem Wasser gefüllt, einen Teller Kekse geschnappt und ging in mein Zimmer, wo ich mich mit Schwung auf mein Bett warf, um … Aua! Was war das denn?! Mein Bett war bereits besetzt. Von etwas, das mir gerade den Rücken gebrochen hatte. Mindestens. Laut fluchend rollte ich mich zur Seite und wartete, bis der Schmerz nachließ, dann schlug ich die Bettdecke zurück, um zu sehen, was da meinen Platz belegte. Es war ein heißer Kochtopf mit Reis. Ein kochend heißer Kochtopf um genau zu sein, eingewickelt in ein großes Frotteehandtuch.

Ich ging in die Küche.

»Mama?! Was macht der Reis in meinem Bett?«

Meine Mutter unterbrach das Schnippeln der Mohrrüben und drehte sich um.

»Ach ja, stimmt, hab ich vergessen dir zu sagen. Der soll da ein paar Stunden weiterquellen.«

»Warum das denn?«

»Um Gas zu sparen. Das ist in letzter Zeit so teuer geworden.«

»Nicht so teuer wie meine Rücken-OP.«

»Was?«

»Ach, nichts.«

Weil die wiederverwertbare Haferflockentüte jedenfalls viel zu groß war für das kleine Pausenbrot, schlugen meine Eltern sie dreimal ein. Ästhetisch absolut mangelhaft und ungefähr auf einer Stufe mit den Obdachlosen, die ihre Pfandflaschen in Aldi-Tüten herumtrugen. Und vor allem: Was für ein Unterschied zu dem Equipment meiner Mitschüler. Die hatten ihr Essen in Tupperdosen! Oder in Butterbrotpapiertüten! Die ganz neu waren und die sie danach einfach wegwarfen! Sabrinas Mutter malte sogar jeden Morgen ein Bild auf die Tüte.

Die Pausenbrote meiner Mitschüler bestanden aus weichem, duftigen Weißbrot, das mit Bärchenwurst oder Scheiblettenkäse belegt war. Wenn sie einen Apfel dabeihatten, war er schon geschält, geviertelt, entkernt und luftdicht in einer Tupperdose drapiert, und es weiß ja wohl jeder, dass Apfelstücke immer besser schmecken als ein ganzer. Meine Mitschüler tranken Capri-Sonne, und danach bliesen sie die Tüten auf und ließen sie platzen. Sie kauften Milchtüten am Getränkeautomaten, und wenn die leer waren, spielten die Jungs damit Fußball. Manchmal hatten sie sogar eine Milchschnitte oder ein Knoppers dabei. Oder Mini-Babybel-Käse. Oder einfach Fruchtzwerge. Oder Bifi. Oder einfach alles auf einmal.

Glücklicherweise hatten wir in der 3b eine gut florierende Tauschbörse, die sich nicht nur auf Aufkleber, Fußballbildchen und Ü-Eier-Figuren beschränkte. Nein, wir tauschten auch unser Essen, und einige meiner Freundinnen fanden mein Dinkelbrot mit vegetarischem Aufstrich und Essiggürkchen tatsächlich so erstrebenswert, dass sie mir im Gegenzug dafür ihre Süßigkeiten gaben.

Oder sie tauschten eine Bifi gegen meinen Apfel und fanden ihn »total lecker, weil er so richtig nach Apfel schmeckt«. Komisch, also ich fand die Bifi deshalb so gut, weil sie eben nicht nach Wurst schmeckte, sondern nach … na ja, Bifi.

Manchmal bekam ich auch das Bäckergeld von Silke. Ihre Eltern waren geschieden und sie lebte bei ihrer Mutter, die wegen ihrer Nachtschichten keine Zeit hatte, morgens Brote zu schmieren. Ich kaufte mir dann ein Schokocroissant und Silke aß mein Pausenbrot und fühlte sich geliebt.

Aber heute war Mittwoch, und mittwochs landete mein Pausenbrot immer im Mülleimer. Schuld daran war Nadines Vater, der irgendwann den Wagner-Tag eingeführt hatte. Jeden Dienstag ging die ganze Familie in die Oper und schaute sich einen Teil aus dem Nibelungenring … nein, Quatsch, es ging natürlich um Pizza. Steinofen-Tiefkühlpizza aus dem Hause Wagner, die mit dem traumhaft knusperdünnen Boden und dem herzhaft saftigen Belag mit dem ganzen Aroma Italiens. Soweit ich wusste, bestand Nadines Familie aus vier Mitgliedern, und entweder verschätzten sie sich regelmäßig mit der Menge oder mindestens zwei von ihnen waren essgestört – anders konnte ich mir nicht erklären, warum immer so viel übrig blieb. Pizzareste, die Nadine dann am Mittwoch mit in die Schule brachte und verteilte. Kalte Pizza. Zum Frühstück. Das war ja so amerikanisch! Und auf einmal war es gar nicht mehr wichtig, dass Nadine komisch roch und keine Zaubertrolle hatte, aber dafür immer aufgesprungene Lippen und einen Schlüssel um den Hals. Sie war sogar richtiggehend beliebt.

In der vierten Stunde hatten wir Französisch bei Frau Gradinger. Unsere Hausaufgabe war es gewesen, »Sur le pont d'Avignon« auswendig zu lernen, und nun sollten wir uns zu Paaren zusammenfinden und dazu tanzen. Wie aufregend!

Voller Hoffnung und strategisch geschickt platzierte ich mich in der Nähe von Jakob, während Frau Gradinger die Kassette in den Rekorder einlegte. Jakob, der mit der Zahnlücke und den Grübchen, in den ich noch mehr verliebt war als in Lukas (genau wie sieben weitere der zwölf Mädchen aus unserer Klasse). Doch als die Musik losging, stand Jakob vor Nadine. Und nahm ihre Hand.

Mir wurde klar, dass auch Jakob strategisch geschickt handelte. Es war nämlich so, dass nie genug Pizza für alle da war – aber Jakob wollte Pizza. Und Nadine wollte Jakob. Also bekam Nadine Jakob und Jakob die Pizza, und alle waren glücklich. Außer wir eifersüchtigen Mädchen, die dabei zusahen. Es ist nicht auszuschließen, dass an diesem Tag der Grundstein für viele BRAVO-Fotolovestorys gelegt wurde.

Auf dem Heimweg dachte ich darüber nach, was sich Nadine mit ihrer Pizza alles erkaufen konnte: Einladungen zu Geburtstagen, Komplimente, Hausaufgaben – und jetzt auch noch Jakob. Das war ja im Kopf nicht auszuhalten. Ich wollte auch ein Schlüsselkind sein!

Ich malte mir aus, wie es wäre, nach der Schule ein leeres Haus, einen vollen Kühlschrank und eine Mikrowelle vorzufinden. Keiner da, der die Hausaufgaben kontrolliert oder sich über die Fünf in Mathe aufregt. Keiner da, der einen fragt, wo man hingeht und vor allem, mit wem man sich trifft. Dafür Fertigessen, Cola und Fernsehen. Die ultimative Freiheit!

Leider waren meine Eltern glücklich verheiratet und arbeiteten viel zu Hause, sodass immer jemand da war, der mittags kochte. Natürlich nur supergesunde Sachen, Krankheit konnten sie sich als Freiberufler nicht leisten.

Alle paar Monate durfte ich zumindest erahnen, wie es war, ein Schlüsselkind zu sein. Dann, wenn ich nachmittags von einer Freundin nach Hause kam und ein handgeschriebener Zettel auf dem Küchentisch lag: »Liebes, wir kommen heute Abend erst spät nach Hause. Bestell dir was zu essen. Kuss, Mama.« Diese Tage fühlten sich an wie Bifi, Fruchtzwerge und Mezzo-Mix zusammen. Aber heute war keiner von ihnen.

Stattdessen schickte mich meine Mutter erst mal zum Bioladen, weil wir keinen Käse mehr hatten. Eigentlich ging ich ja gerne einkaufen: zum Metzger, wo ich immer eine Scheibe Lyoner geschenkt bekam, zum Bäcker, wo mir eine Brezel mitgegeben wurde, zum Gemüsehändler, der mir einen Apfel in die Hand drückte. Überall gab es was geschenkt. Nur im Bioladen gab es nichts.

Als ich die Eingangstür aufdrückte, klingelte ein Windspiel und ich trat ein in eine andere Welt. Dort roch es nach Schmierseife und zuckerfreien Fruchtriegeln, und nie war jemand zu sehen. Kein Kunde, kein Verkäufer, keine Lebensfreude. Ich schlich also ein bisschen zwischen den Regalen herum, nahm dies und jenes heraus und hoffte, dass bald jemand auftauchen würde, denn »Hallo« zu rufen, traute ich mich nicht. Irgendwann klimperte der Vorhang aus Bambusstäben leise und ein schmallippiger, strumpfsockiger und strickpulloveriger Mensch kam heraus. Er nahm keine Notiz von mir, sondern schlurfte Richtung Gemüseregal und fing an, die Kartoffeln nach ihrer Größe zu sortieren.

Ich war ratlos. Vorsichtig näherte ich mich dem Menschen.

»Entschuldigung? Ich hätte gerne etwas Käse.«

Der Mensch schaute auf, aber mir nicht in die Augen, sondern schräg dran vorbei, vielleicht schaute er auch in meinen Kopf, und sagte: »Die Käsetheke ist dort drüben.«

Das wusste ich schon, also sagte ich: »Ich weiß.«

»Na dann«, sagte er und widmete sich wieder seinen Kartoffeln.

Ich ging rüber zur Käsetheke. Dort war niemand. Das hätte ich dem Menschen schon vorher sagen können.

»Hier ist niemand«, rief ich ihm zu.

Schwerfällig richtete sich der Mensch auf und kam her, auf leisen Socken, bei jedem Schritt entwich seiner Brust ein Seufzer. Ach, ach, ach. Immer diese Kunden! Als wüsste er nichts Wertvolleres mit seiner Zeit anzufangen. Er ging zum Waschbecken hinter der Käsetheke und öffnete den Wasserhahn. Dann wusch er mit der einen Hand seine andere, und zwar so lange, bis sie sich auflöste und im Abfluss verschwunden war.

»Was darf's denn sein?«, fragte der nun einhändige Mensch. »Einmal vom mittelalten Bergkäse, bitte«, sagte ich und zeigte auf eben diesen.

Er setzte das Messer an.

»So?«

»Ein bisschen mehr.«

»So?«

»Noch ein bisschen.«

Unglaublich, wie geizig er war.

»So?«

»Meinetwegen.«

Der Mensch nahm den Käse aus der Vitrine und legte

ihn auf ein unlackiertes, geöltes Holzbrett. Dann legte er den Käse wieder zur Seite und riss Butterbrotpapier ab, welches er auf das Brett legte und dann den Käse wieder obendrauf. Er nahm das Messer, arbeitete sich in akribischer Millimeterarbeit durch den Käse, als sei er ein Klumpen Ton. Er packte den abgeschnittenen Teil in das Papier, legte beides auf die Waage, schrieb den Preis darauf, legte den restlichen Käse wieder in die Vitrine, positionierte ihn mehrmals neu, spülte das Messer gründlich ab, nahm meinen Käse und ging damit zur Kasse. Ich folgte ihm unauffällig. Beim Eintippen fiel ihm auf: Die Kassenzettelrolle war leer. Der Mensch ging ins Hinterzimmer, um dort sehr viele Schubladen zu öffnen und wieder zu schließen, bis er mit einer neuen Rolle zurückkam. Er legte sie ein und tippte auf den Tasten herum.

»Fünf Mark neunundsiebzig«, sagte er, und als ich ihm einen Zehn-Mark-Schein hinhielt, ächzte er und ging erneut ins Hinterzimmer. Er kam mit Münzrollen zurück, öffnete sie, kippte sie in die Kassenschublade und gab mir vier Mark einundzwanzig wieder. In Ein-Pfennig-Stücken. Als ich den Laden verließ, war es draußen genauso dunkel wie in mir drin.

»Warum hat das denn so lange gedauert?«, fragte meine Mutter, als ich wieder zu Hause ankam. »Wasch dir die Hände, es gibt Essen.«

Es gab Vollkornnudeln mit Tomatensoße und Salat. Abgesehen davon, dass Vollkornnudeln die gemeinste Erfindung der Welt sind und vor meinem inneren Auge eine wagenradgroße Wagner-Pizza auftauchte, schmeckte es ziemlich gut – bis ich einen schwarzen Punkt auf meinem Salatblatt entdeckte.

»Das ist nur ein Pfefferkorn«, sagte mein Vater.

»Seit wann haben Pfefferkörner bitteschön Beine?«, gab ich zurück und hielt ihm das Blatt unter die Nase. »Das ist eine Laus!«

»Ist doch toll, eine kostenlose Fleischbeilage!«, sagte meine Mutter.

Im Witze machen war sie noch nie gut.

Auf einmal hatte ich keinen Hunger mehr. Das hatten sie nun davon, dass sie den Salat unbedingt im Bioladen kaufen mussten oder am Demeter-Stand auf dem Markt.

Das hieß, er war ungespritzt und schmeckte auch den Tieren auf dem Acker.

Von denen sich die Hälfte noch im Salat befand, wenn er bei uns im Kühlschrank lag.

»Papa, hast du den Salat etwa nicht gewaschen?«, fragte ich.

»Doch, sogar dreimal. Mit Salzwasser.«

Und dennoch hatte eine Laus überlebt! Mir lief es kalt den Rücken herunter. Was, wenn sie nicht die einzige war? Wenn ich schon viele Läuse mitgegessen hatte, ohne zu wissen, dass es sich eben nicht um Pfefferkörner handelte? Vielleicht hatte sich die Laus in Todesangst an ein Blatt geklammert, oder Händchen gehalten mit ihrem Schwippschwager, der folgerichtig auch noch irgendwo im Salat sein musste. So gerne ich Tiere mochte, auf Läuse traf das nicht zu. Und ich hatte nicht vor, mein Essen mit irgendjemandem zu teilen, ich war schließlich Einzelkind. Da hat man gewisse Prinzipien.

Seither erzählt meine Mutter gerne, ich sei ein schleckiges Kind gewesen. Schleckig ist ein schwäbisches Wort und bedeutet so viel wie »wählerisch im Bezug auf Essen«, hat also für die meisten Leute eine leicht negative Konnotation. Dabei war es ja wohl nicht meine

Schuld, dass ich von da an Salat nur noch bei Nora aß. Knackig hellgrünen Eisbergsalat, in Plastik verpackt und so sauber, dass er beim Kauen quietschte. Ansonsten mochte ich schließlich alles, was bei uns auf den Tisch kam. Außer Kohlrabi. Und Bohnen. Und Zwiebeln. Und Fenchel. Und Avocados. Und Oliven. Und Schimmelkäse. Und Pilze. Und Blumenkohl. Und Lammfleisch. Und Meeresfrüchte. Und den Fettrand am Schinken. Und der Haut auf dem Pudding. Und Weintrauben nur, wenn sie kernlos waren.

5 Das Müslimädchen baut einen Fernseher und muss vor den Familienrat. Am Ende verwandelt es sich in ein Kissen und verliebt sich in den Bärenmarkenbär.

Seit ein paar Jahren schaffen immer mehr Leute in meinem Bekanntenkreis ihren Fernseher ab. Sie verschenken oder verkaufen ihn, vielleicht verbrennen sie ihn auch in einem Akt der Befreiung und tanzen um ihn herum. Danach sagen sie Sachen wie: »Ich habe auf einmal so viel Zeit! Erst gestern Abend habe ich alle Fotos der letzten zwanzig Jahre sortiert und währenddessen einer alten Schallplatte gelauscht, das war besser als Meditation. Aber vor allem muss ich mir jetzt nicht mehr dauernd diese Scheiße im Fernsehen angucken!«

Ich verstehe das nicht. Es zwingt sie doch niemand dazu, sich Sendungen anzuschauen, die ihnen nicht gefallen. Man kann einen Fernseher ja auch ausmachen. Und zum Beispiel mal die Sterne anschauen, aber das geht offenbar nur, wenn überhaupt kein Fernseher im unmittelbaren Umfeld existiert. Dann sagen sie noch: »Man muss sich ja mal überlegen, dass total viele Leute auf der Welt gar keinen Fernseher haben. Und die sind trotzdem glücklich!« Wahrscheinlich denken sie dabei an die Bewohner des Königreichs Bhutan oder die Naturvölker im Amazonasgebiet, dabei gibt es durchaus auch hierzulande derartige Randgruppen. Ich zum Beispiel war Teil davon.

Zwei Drittel meines Lebens habe ich ohne Fernseher verbracht, und das, obwohl ich im gleichen Jahr geboren wurde wie das Privatfernsehen. Wenn ich davon erzähle, rufen die Leute: »Ach, wir hatten damals in den Achtzigern auch nur drei Programme!« Erkläre ich daraufhin, dass wir nicht drei, sondern gar keine Programme hatten, schweigen sie. Früher was das ähnlich. Wenn ich erzählte, dass ich keinen Fernseher habe, sagten die anderen Kinder: »Ach, ich habe auch keinen eigenen in meinem Zimmer. Wir haben nur den im Wohnzimmer und den kleinen in der Küche.« Ich sagte dann lieber nichts mehr.

Ein Leben ohne Fernseher ist nicht unbedingt besser, aber auch nicht schlechter, vorausgesetzt man hat noch andere Hobbys. Zum Beispiel lesen. Das hatte ich mir schon im Kindergarten selbst beigebracht und wusste deshalb auch nicht so recht, was ich in der Schule eigentlich sollte. (Ich ging dann doch hin, wegen der Vesperpausen und der Schulausflüge.)

Irgendwann hatten auch die Lehrer mitbekommen, dass ihre Schüler die Freizeit vor der Glotze – das Standardpädagogenwort für Fernseher bis in die frühen Neunziger – verbrachten und beschlossen, dieses »neue Medium« im Unterricht zu thematisieren, also mit den Schülern über ihre Lieblingssendungen und ihr Fernsehverhalten zu sprechen. Man wollte mit der Zeit gehen, und sie hatten schließlich auch einen Erziehungsauftrag.

Ich war gerade in der zweiten Klasse und tat seit der Einschulung so, als wäre ich wie alle anderen, was mir mal besser, mal schlechter gelang. Doch jetzt lief ich ernsthaft Gefahr, aufzufliegen! Mein Fernsehverhalten war nämlich folgendes: Einmal in der Woche, am Sonntag, schaute ich bei Nora *Die Sendung mit der Maus*. Meine Mitschüler hingegen sprachen in der Pause über sprechende Autos, rote Badeanzüge und einen gewissen David Hasselhoff, der irgendwie mit beidem zu tun hatte. Wenn sie sich darüber unterhielten, lachte ich an den richtigen Stellen mit und versuchte, mir alles zu merken. Mitreden, obwohl ich keine Ahnung hatte – darin war ich gut.

Doch nun stand mein Zwangsouting kurz bevor und ich fürchtete um meine Glaubwürdigkeit. Da hatte meine Mutter eine Idee.

»Wir basteln dir deinen eigenen Fernseher«, sagte sie. »Das hat sonst niemand! Den kannst du mitnehmen und den anderen zeigen.«

Ich überlegte. Etwas zu haben, das sonst niemand hat, das war grundsätzlich schon mal gut. Und selbst gemacht war noch besser. Also bastelten wir einen Fernseher, meine Mutter und ich, einen ganzen Nachmittag lang. Aus einem Pappkarton. Wir schnitten, klebten und malten, und am Ende entstand ein kleines Kunstwerk, mit bunten Knöpfen als Schalter und zwei Bildschirmen, einem vorne und einem hinten. Auf die eine Seite hatte ich die *Sendung mit der Maus* gemalt, auf die andere Seite die *Tagesschau* mit der Wetterkarte. Mehr kannte ich ja nicht.

In der nächsten Deutschstunde sprachen wir also über Medien. Ich hatte meinen Pappfernseher mitgebracht und vorerst unter dem Tisch platziert.

»Was sind denn eure Lieblingssendungen?«, fragte Frau Homeier. Speckige Kinderarme reckten sich in die Luft.

»Ich will, ich will!«, schrie Lukas. »Frau Homeier, hier!«

»Lukas, wer schnipst kriegt 'ne Vier! Ja, Annika?«

»*Beverly Hills Neunzigzweihundertzehn*.«

Was für ein bescheuerter Name.

»Ich bin immer Donna, wenn wir das nachspielen«, sagte Annika. Gekicher aus den Mädchenreihen. Annika und ihre Freundinnen tauschten ständig Sammelbildchen von *Beverly Hills 90210*, bei denen die von Donna doppelt so viel wert waren wie die von Brenda.

»Und du, Lukas?«, sagte Frau Homeier.

»Bud Spencer natürlich.«

»Pfff, MacGyver ist viel cooler!«, rief Timo.

»Quatsch, MacGyver ist schwul.«

»Und Bud Spencer fett!«

»Ey, ich geb dir gleich 'ne beidhändige Doppelbackpfeife!«

»Lukas, Timo, solche Wörter sagen wir hier nicht!«, sagte Frau Homeier.

Sie musste dringend ihren Blazer ausziehen. War es hier heiß, oder was? Zweitklässler. Von wegen, die seien noch süß, morgen würde sie dem Rektor nahelegen, dass ein Knigge-Fach angemessener wäre als Medienpädagogik. Sie schaute auf die Trillionen von Armen, die in der Luft wedelten und schnipsten, und atmete langsam aus. Es nutzte ja alles nichts.

»Niko?«

»Ich guck am liebsten *Alf*.«

»Ja, *Alf* ist toll!!«, schrie der Kinderchor.

Pöh, das konnte ich auch. Ich meldete mich.

»Ja, Franziska?«

»*Die Sendung mit der Maus*.«

Frau Homeiers Stirn entfaltete sich. Wenigstens dieses Kind war nicht so frühreif wie die anderen, es gab also noch Hoffnung.

»Sehr schön«, sagte sie.

»Ha«, schrie Timo. »*Die Sendung mit der Maus* ist ja wohl für Kindergartenkinder.«

Verdammt. Plötzlich musste ich ganz dringend etwas in meinem Schulranzen suchen. Tomaten. Ach so, nee, das war ja mein Kopf. Hm.

Dann sollten wir in eine Tabelle eintragen, wie viele Stunden pro Woche wir fernsehen. Hochkonzentriert wurden Zungenspitzen aus Mündern gestreckt und an den Fingern abgezählt, wie oft noch mal das *A-Team* kommt und wie denn nun der Sonntag zu bewerten sei, wenn Mama und Papa noch schlafen und *Bugs Bunny* im Wohnzimmer in Endlosschleife läuft. Sorgfältig schrieb ich »30 Minuten« in die Tabelle. Schließlich mussten alle Schüler vorlesen, was sie in der Tabelle notiert hatten. Ich war die mit der kleinsten Zahl.

»Franziska«, sagte Frau Homeier, »erklär doch mal, warum du weniger fernsiehst als alle anderen Kinder.«

Mist. Ich nuschelte, vielleicht würde mich ja niemand hören. »Sliegt daran, dsswrknfernsehham.«

»Was?«

»Das heißt ›Wie bitte‹.«

»Stimmt. Wie bitte?«

»Das liegt daran, dass wir keinen Fernseher haben.«

In den darauffolgenden Sekunden hörte ich, wie eine Fruchtfliege gegen das Fensterglas prallte und Kreide von der Tafel bröselte, so still war es. 23 Augenpaare starrten mich an.

»Wie jetzt, ihr habt keinen Fernseher.«

»Das geht doch gar nicht!«

»Was machst du denn nach der Schule?«

Gejohle. Lukas, in den die Hälfte der Mädchen verknallt war, weil er so schöne Bilder malen konnte und der noch nichts davon wusste, dass ich ihn später einmal heiraten würde, fragte: »Wollen dich deine Eltern bestrafen?«

Die Tomate, die anstelle meines Kopfs auf meinem Körper saß, lief Gefahr, zu Suppe zu verkochen. Ja, so war es vermutlich. Genau so fühlte ich mich auch in Mathe, wenn wir dieses Spiel spielten, bei dem die ganze Klasse aufstehen musste und sich nur diejenigen setzen durften, die eine Rechenaufgabe gelöst hatten. Ich stand immer als Letzte da.

Dann fiel mir etwas ein. Ich hatte ja noch den Pappfernseher! Vorsichtig holte ich ihn unterm Tisch hervor und hielt ihn in die Höhe. 23 Münder öffneten sich. Was war das denn jetzt?

»Das ist aber eine Überraschung«, sagte Frau Homeier. »Komm doch mal nach vorne.«

Ich lief an den Mündern vorbei, stellte den Fernseher auf das Lehrerpult und mich auf einen Stuhl.

»Ja, also das ist mein Fernseher. Den hab ich selbst gebastelt.«

Die anderen Kinder rangen mit sich.

War das jetzt cool? So was hatten sie nicht.

Aber er war ja nur aus Pappe.

Trotzdem, so was hatten sie nicht.

Sie waren ganz aufgewühlt. Frau Homeier auch, allerdings aus anderen Gründen. Ihr fiel wieder ein, was sie an ihrem Beruf so schätzte, nämlich dass sie mit Kindern zu tun hatte (abgesehen von diesen Schnarchnasen im Lehrerzimmer). Kinder waren generell erträglicher als Erwachsene, aber manchmal waren sie sogar beinahe niedlich. Dieser Eifer! Nicht wissend, dass sie jeden Moment auf die Schnauze fallen könnten. Hihi. Sie gab mir einen Extra-Stempel in mein Hausaufgabenheft, den mit der Biene Maja. Dem fleißigen Bienchen. Kein Fernseher und dann auch noch ein Streber-Stempel, na herzlichen Glückwunsch.

Nach der Schule ging ich mit Annika und Sabrina bis zur Kreuzung. Annika guckte ein paar Mal zu mir rüber.

»Darf ich mal anfassen?«

»Klar.«

Sie streichelte den Pappkarton.

»Ich will auch so einen Fernseher. Da kann man sich immer aussuchen, was man sehen will.«

Ha! Sabrina nickte und sagte: »Es ist eigentlich gar nicht so schlimm, keinen Fernseher zu haben.«

Was die beiden noch nicht wussten: Ich hatte nicht nur keinen Fernseher, ich hatte auch keine Kuckucksuhr. Aus Pappe.

»Wollt ihr die mal anschauen kommen? Wenn das Türchen aufgeht, dürft ihr auch ›Kuckuck‹ rufen.«

Sie wollten. Und meine Ehre war gerettet. Vorerst.

Trotzdem kam das Thema zu Hause vor den Familienrat. Der wurde immer dann einberufen, wenn es ein Problem gab oder eine Entscheidung getroffen werden sollte. Meine Eltern waren überzeugt davon, dass auch dem Kind ein Mitspracherecht eingeräumt werden muss – anders als damals bei ihnen in den Sechzigern, denn da hatten sie nichts zu melden. Nun wollten sie die direkte Demokratie. Und ein freundliches Miteinander, so wie der Erfinder des Familienrats, der Psychologe Rudolf Dreikurs, es propagiert hatte.

Meistens lief es dann aber ganz anders, ungefähr so:

»Kann ich heute bei Nora übernachten?«, frage ich meine Mutter, den Telefonhörer in der Hand.

»Wir wollen Monopoly spielen.«

Sie schaut zu meinem Vater, der die Augenbrauen hochzieht, und sagt: »Das entscheiden wir jetzt nicht so hopplahopp. Wir besprechen das im Familienrat. Sag, du rufst sie zurück.«

Ich knalle den Hörer auf die Gabel. Familienrat. Wie ich allein das Wort hasse! Mein Vater schaut auf seine Armbanduhr. »Wir konferieren in einer halben Stunde.«

Dreißig Minuten später. Ort: Der Esstisch. Es gibt Espresso (für Papa), Reiswaffeln (für Mama) und strenge Blicke (für mich). Fehlen nur noch das Grundgesetz, ein Hammer und mehrere Schöffen, die sich im Hintergrund Notizen machen. »So«, sagt mein Vater und gießt sich Espresso ein. »Du willst also bei Nora übernachten.«

Es ist ganz wichtig, dass am Anfang nochmal gesagt wird, um was es geht. Ich nicke.

»Aber morgen ist doch dein Flötenvorspiel.«

»Ja und?«

»Wenn du bei Nora übernachtest, bist du danach immer krank, weil ihr viel zu lange aufbleibt.«

Eine Minute lang war es zivilisiert zugegangen, aber damit ist jetzt Schluss.

»Stimmt doch gar nicht!«, schreie ich.

»Hör auf zu schreien!«, schreit meine Mutter.

»Ruhe, alle beide«, sagt mein Vater.

Ich starre auf die Tischdecke. So muss sich ein wildes Tier fühlen, das in seinem Zoogehege im Kreis rennt, obwohl es weiß, dass es kein Entkommen gibt. Abhängig von der Gunst der Besitzer. Dürfen Eltern das eigentlich, ihr Kind besitzen? Ich bin doch nicht ihr Hab und Gut. Ich stelle mir eine Frau vor, die sagt: Schönen guten Tag, das hier ist mein Haus, meine Handtasche, ach ja, und mein Kind. Über all das kann ich verfügen. Habe ich nicht ein riesiges Glück?

»Du hast schon letzten Monat bei Nora übernachtet.«

Ich zucke mit den Achseln. Hier ist eh nichts mehr zu holen. Nur Hass.

»Papa hat recht«, sagt meine Mutter. Überraschung.

»Ich finde, du solltest heute hier schlafen.«

Ich stehe auf. Bringe mich in Position. Brülle.

»Immer geht es nach euch!«

Beim Rausrennen höre ich noch ein »Fräulein, so nicht!«, dann werfe ich die Tür hinter mir zu. Sie wollen Demokratie? Dann hätten sie mir mal einen Bruder machen sollen! Wenn drei Menschen zusammenleben und zwei davon sowieso immer einer Meinung sind, ist das keine Demokratie, sondern ein autoritäres System. Diktatoreneltern!

Darum wunderte ich mich auch nicht, dass sich die Diktatoren gegen einen Fernseher aussprachen. Das taten sie in den nächsten Jahren noch öfter, denn das Thema war ein Dauerbrenner. Mit einem Dauerverlierer. Als ich mich gerade damit abgefunden hatte, ein Leben ohne Fernseher zu führen – ich war inzwischen 13 – wendete sich das Blatt. Die Diktatoren hatten entdeckt, dass Filme schauen Spaß macht, aber Spaß war kein Argument und außerdem mussten sie ihr Gesicht wahren. Also unterbreiteten sie mir folgenden Vorschlag.

»Wie wäre es denn«, sagte meine Mutter, »wenn wir in den Weihnachtsferien einen Fernseher ausleihen?«

Ferien waren so etwas wie ein Raum-Zeit-Kontinuum, in dem alles möglich war. Nutella. Mezzo Mix. Lange aufbleiben. Da passte der Fernseher ganz gut rein. Ein Zwei-Wochen-Kompromiss sozusagen.

Mein Vater fuhr also ins Radiofachgeschäft und mietete einen Fernseher. Es heißt ja immer, der Fernseher macht aus dem Kreis der Familie einen Halbkreis. Wie wahr! Als das Auto wieder in die Einfahrt fuhr, hatte ich bereits das komplette Wohnzimmer umgeräumt; der Couchtisch stand nun an der Wand, Sofa, Schaukelstuhl und Sitzsack gegenüber. Voilà, ein Heimkino, nur ohne Popcorn. Mein Vater platzierte das Röhrengerät auf dem Tisch, der eigentlich viel zu klein dafür war, dann frickelte er an den Kabeln herum, drückte die Fernbedienung und es wurde Licht. Auf dem Bildschirm und in mir drin.

In den folgenden zwei Wochen verwandelte ich mich langsam in ein Kissen. Ich passte mich in Form und Farbe perfekt an die hellbeige Couch an und fiel einfach nicht mehr auf. Auch die typischen Kissen-Eigenschaften gingen mir in Fleisch und Blut über. Ich wurde faul. Lethargisch. Aber auch gemütlich und kuschelig. Ach, es war herrlich ein Kissen zu sein! Ich schaute Filme, Serien und Musikvideos, aber am liebsten mochte ich die Werbung. Und verliebte mich in den Bärenmarke Bären, der genauso gemütlich aussah wie ich. Nur wenn es gar nicht mehr anders ging, raffte ich mich auf und ging zur Toilette, so viel Selbstachtung hatte ich gerade noch.

Auch heute ist das noch der Zustand, in dem ich Weihnachten am liebsten verbringe. Ich, der Fernseher, die Couch – wir können sehr glücklich miteinander sein. Trotzdem sagte ich damals, irgendwann zwischen Neujahr und Dreikönige:

»Wann bringen wir den Fernseher endlich wieder weg? Ich hab ja gar keine Zeit mehr.«

6 Das Müslimädchen besucht einen Spielwarenladen und findet den Bruder, den es nie hatte. Auf einem Kindergeburtstag lernt es, dass nur die äußeren Werte zählen.

Mit zwanzig wurde ich stolze Besitzerin eines Patenkinds. Es war ein Mädchen, hieß Annemie und erinnerte sich zweimal im Jahr daran, dass es mich gab: an Weihnachten und an ihrem Geburtstag. Da brachte ich ihr nämlich Geschenke mit. Im Gegenzug dafür bekam ich von ihr eine angemessene Menge an Aufmerksamkeit, weshalb meine Mitbringsel wohl überlegt sein mussten. Wenn ich alles richtig gemacht hatte, schickte sie mir nach diesen Festtagen selbstgemalte Bilder oder rief an, um mir das Neueste von ihren Meerschweinchen zu erzählen – also etwas, wofür sich wohl jeder ins Zeug gelegt hätte.

Als mir in der Schlange vom Drogeriemarkt im Einkaufszentrum um die Ecke schlagartig einfiel, dass Annemies fünfter Geburtstag kurz bevorstand, begab ich mich deshalb zum ersten Mal in das Untergeschoss. Vielleicht würde ich dort ja etwas für sie finden. Während die Rolltreppe unbeirrt immer weiter in die Tiefe fuhr, tauchte er langsam in meinem Gesichtsfeld auf. Strahlend und begehrenswert: ein Spielwarenladen. Nicht so einer wie bei mir nebenan, wo es nur unbehandelte Holzklötze gab oder pädagogisch wertvolle Bücher. Ein richtiger Spielwarenladen, so wie früher! Mit einem turnenden Bären im Schaufenster, blinkender Schrift über der Tür und einer Dose mit Gummibären an der Kasse. Nur dass hier kein Bär turnte, sondern eine Eule. Ob sie wohl auch Gummibärchen …? Ich ging hinein.

Der Laden war riesig und roch nach einer Mischung aus Playmobilmännchen, Puzzleteilchen und Handpuppen. Ich war sofort high. Benommen streifte ich durch die Gänge, drückte auf Puppenbäuche, die daraufhin »Mama« quäkten, bestaunte Dackel, die laufen konnten und bellen und kacken, und fuhr mit der Hand durch Polyesterkostüme, sodass die Kleiderbügel klapperten.

Dann stand ich vor einem lebensgroßen Stoffpapagei, der über dem Kuscheltierregal auf einer Holzstange saß. »Der Papagei pfeift, lacht und singt und spricht alles nach, was du sagst!«, las ich auf dem Schild neben ihm. Mein Herz schlug schneller. Dieser Papagei war der Bruder, den ich nie hatte! Was hätten wir für einen Spaß haben können beim Familienrat, wo ich normalerweise allein gegen zwei Erwachsene antreten musste, die mir rhetorisch weit überlegen waren. Mit so einem Papagei wäre alles anders gewesen. Unermüdlich hätte er Wort für Wort wiederholt, und so meinen Argumenten mehr Nachdruck verliehen. Doppelt so viel, um genau zu sein.

Als ich in der dritten Klasse war, beherbergten wir eine Woche lang einen echten Papagei, dessen Besitzer im Urlaub waren. Er hieß Kuno und konnte zwar reden (»Mein Name ist Müller! Kuno Müller!«), taugte aber nicht als Unterstützung in Diskussionen mit meinen Eltern, da er seine Kräfte lieber aufsparte, um mitzusingen, wenn mein Vater Klavier spielte. Elender Schleimer! Ein Stoffpapagei hingegen wäre immer auf meiner Seite gewesen.

Aber den hätten mir meine Eltern sowieso nicht gekauft. Wenn ich unbedingt wollte, dass etwas Geräusche machte, konnte ich ja Klavier spielen, deshalb gab es bei uns auch nur Spielzeug, das meine Kreativität anregen sollte. Meine Eltern fanden es wichtig, dass meine Spielsachen mir die Freiheit ließen, sie nach eigenen Vorstellungen zu benutzen. Das machte ich auch konsequent und verpasste meiner Langhaarpuppe eine schicke Kurzhaarfrisur. Kam aber nicht so gut an.

Aus Ermangelung an aufregenden Spielsachen mussten Nora und ich auf andere Unterhaltungsmöglichkeiten zurückgreifen, Blinde Kuh in unserem Vier-Quadratmeter-Flur zum Beispiel, und als das irgendwann langweilig wurde, dachten wir uns ein neues Spiel aus. Es bestand darin, so viele Eiswürfel wie möglich in den Mund zu nehmen und im Kreis zu rennen, bis man die Kälte im Mund nicht mehr aushielt. Dann spuckten wir die Eiswürfel auf die Waschlappen, die wir extra dafür in die Zimmerecken gelegt hatten. Ein trauriges Spiel, aber wir hatten ja nichts.

Ganz anders Anna. Sie hatte nicht einfach nur eine Puppe, sondern die komplette Barbiesammlung und ein paar von diesen rosafarbenen Plastikmuscheln, die man aufklappen konnte und die sich dann in ein Puppenhaus verwandelten. Sie hatte nicht einfach nur einen Kreisel, sondern einen, der leuchtete und ein Lied spielte, wenn man ihn drehte. Und sie hatte Ponys. Keine echten, bei denen man den Stall ausmisten musste, sondern kleine Plastikponys mit irrsinnig langen Wimpern, die immer lächelten und ihr rechtes Vorderbein anmutig anwinkelten. Sie waren rosa, lila, hellblau oder türkis, und wenn man sie kämmte, verfärbten sich ihre Mähnen.

Ihr Spielzeug war genau das Gegenteil von dem, was meinen Eltern wichtig war. Es ließ keinen Raum für

Interpretationen. Wenn meine Spielsachen wie ein Buch waren, dann waren ihre wie ein Fernseher: Im Zweifel spielten sie auch alleine. Und man konnte sich einfach davorsetzen, zuschauen und wurde unterhalten. Herrlich.

Schließlich kam ich im Spielzeugparadies vor einem Regal an, angesichts dessen die Farbe Rosa vor Neid erblassen würde. Hier regierte Prinzessin Lillifee. Dieses zarte, blond gelockte Wesen, nicht Prinzessin und nicht Fee, aber trotzdem irgendwie beides; ein Hermaphrodit der ersten Stunde, gefangen im Körper eines Mädchens mit einem zu großen Kopf.

Zu Annemies letztem Geburtstag hatte ich ihr eine Blumenpresse geschenkt, die zwar gnädig von ihr abgenickt worden war, sie aber lange nicht so interessiert hatte wie meine pinkfarbenen Fingernägel. Sie machte doch jetzt auch Ballett, vielleicht würde sie sich über die Spieluhr in Herzform freuen, in der, wenn man den Deckel aufklappte, Prinzessin Lillifee zu Schwanensee tanzte. Und Schmuck konnte man auch noch reinlegen!

Kurz dachte ich an die Feministinnen, die regelmäßig behaupteten, dass rosafarbenes Spielzeug Mädchen zu dummen Modepüppchen mache.

Feministin:
So jemand wie Prinzessin Lillifee ist schuld daran, dass ganz normale Mädchen überm Klo hängen und kotzen, weil sie sich zu dick finden. Da wird den Mädchen von klein auf vermittelt, dass Erfolg, Bewunderung und Anerkennung allein von einem schönen Äußeren abhängen, nicht von einer bestimmten Leistung. Das ist doch der fal-

sche Weg. Junge Mädchen brauchen Role-Models, an denen sie sich orientieren können, starke Frauen, die ihren eigenen Weg gehen. Im späteren Leben kann sich nämlich niemand die Benachteiligung von Frauen wegzaubern, ha! Schön wär's, ist aber nicht so. Kleine Mädchen sollten lieber rechtzeitig lernen, wie man kämpft, das machen die Jungs ja auch, mit Plastikpanzern und so. Doch, doch, klar bin ich Pazifistin, aber mit süß lächeln und Röckchen heben kommt man eben nicht auf den Chefsessel, höchstens kniend davor. Wir brauchen endlich Gleichberechtigung, und das muss schon beim Spielzeug anfangen. Weg mit den einseitigen Geschlechterbildern! Weg mit rosafarbenem Spielzeug! Pink stinkt!

Mir wäre es ehrlich gesagt lieber gewesen, ich hätte die Rosa-Phase schon als Kind ausleben dürfen, dann hätte ich das jetzt nämlich hinter mir und würde nicht mit Mitte zwanzig damit liebäugeln, mir die Spieluhr selbst zu kaufen. Übrigens ist Pippi Langstrumpf, das literarische Vorbild der Frauenbewegung, genauso dünn wie Prinzessin Lillifee, was durchaus daran liegen mag, dass sie beide noch nicht in der Pubertät sind. Abgesehen davon – für pädagogisch wertvolles Spielzeug waren ja wohl Annemies Eltern verantwortlich, ich war hier nur die Patentante. Ich dachte daran, wie sehr ich mir als Kind eine Barbie gewünscht hatte. Bekommen hatte ich keine. Scheiß auf die Feministinnen.

Ich nahm ein Prinzessin-Lillifee-Verkleidungsset aus dem Regal, wenn schon, denn schon. Es bestand aus einem rosa Tüllkleid, einem rosa Zauberstab mit einem plüschigen rosa Stern am Ende, einer rosa Krone und rosa Chiffon-Flügeln. Dann flog ich zur Kasse und zahlte mit den Treueherzen, die aus dem Zauberstab stoben.

Die Spieluhr nahm ich auch noch mit. Und eine Packung Gummibärchen.

Einen Tag vor Annemies Geburtstag rief ihre Mutter an.

»Jens ist krank«, sagte sie. Jens war der Papa von Annemie. »Kannst du vielleicht bei der Geburtstagsfeier aushelfen? Alleine schaffe ich das nicht mit sieben Kindergartenkindern.«

Klar konnte ich, mit den paar Bälgern würde ich schon fertig werden. Wie sich einen Tag später herausstellte, waren nicht die Kinder das Problem, sondern die Eltern.

»Der Lars-Ole darf kein Fleisch und nichts mit Gluten«, sagte die erste Mutter zur Begrüßung, als sie ihren Sohn bei Annemie ablieferte. Alles klar.

»Du, bitte achte darauf, dass die Miriam nichts Süßes isst«, sagte Miriams Vater und winkte zum Abschied. Jaha.

»Es ist ganz wichtig, dass der Sören seinen Mittagsschlaf macht«, sagte die Frau, die Sörens Mutter sein musste, »und zwar um halb drei.«

Ich schaute auf die Uhr. Es war zwei. Das konnte sie so was von vergessen.

»Natürlich, ich kümmere mich darum«, sagte ich und lächelte mein patentantigstes Lächeln.

Sie kniete sich hin, um ihren Sören sehr fest zu umarmen.

»Er hängt einfach so an mir!«, sagte sie, und als er sich erfolgreich von ihr losgerissen hatte und zu den anderen Kindern gerannt war, fing sie an zu weinen. Mit letzter Kraft schob ich sie aus dem Eingangsbereich und schloss die Tür hinter ihr. Anstrengender konnte es eigentlich nicht mehr werden. War das früher etwa auch so gewesen?

Ich dachte an die Geburtstage in meiner Kindheit. Damals waren die meisten Eltern froh, wenn sie ihr Kind mal für einen Nachmittag los waren. Sie gingen dann in die Sauna oder spazieren oder lasen das Buch zu Ende, das sie vor Monaten angefangen hatten. Wenn sie ihr Kind auf der Party ablieferten, ermahnten sie es, brav zu sein und sagten entschuldigend zu den Eltern: »Hoffentlich tanzt er Ihnen nicht allzu sehr auf der Nase herum.«

Und weg waren sie.

Da konnte es schon mal vorkommen, dass sie zu erwähnen vergaßen, dass ihr Kind allergisch gegen Haselnüsse war. So wie damals bei Timo, der nach ein paar Bissen von Annas Geburtstagskuchen rot anlief, keine Luft mehr bekam und dann von Annas Vater ins Krankenhaus gefahren wurde. Als er eine Stunde später wiederkam, war er der Held des Tages, und als ihn seine Eltern später abholten und von dem Vorfall erfuhren, entschuldigten sie sich für die Unannehmlichkeiten. Selbstverständlich bei Annas Eltern, nicht bei ihrem Sohn. So was passierte halt.

Bei Annemies Freunden hatte ich eher das Gefühl, sie waren froh, dass sie ihre Eltern endlich mal los waren, so ausgelassen, wie sie herumtobten. Aber ich hatte alles total unter Kontrolle. Miriam wurde Zweite beim Schokoladentafelessen, Lars-Ole stürzte sich auf die Fleischbällchen mit Tomatensoße und Sören zog sich in Begleitung eines Mädchens zum Mittagsschlaf zurück. Danach waren die Kinder so heiser, dass der Lärmpegel auf ein erträgliches Maß gesunken war, und wir konnten endlich mit dem wichtigsten Teil beginnen: Kuchen essen und Geschenke auspacken.

Johlend drängten sich die Kinder um den Gabentisch,

auf dem die vermutlich von den Eltern liebevoll eingewickelten Geschenke lagen. Aber die Verpackung interessierte Annemie kein bisschen. Gierig riss sie das Papier einfach ab, etwas, das ich früher nie machen durfte. Das konnte man schließlich noch mal verwenden!

Ich erinnerte mich an Leonies Geburtstagsfeier, 1991. Motto: Tausendundeine Nacht. Leonies Mutter ging einzig und allein aus dem Grund halbtags arbeiten, damit sie ihren Kindern alles kaufen konnte, was sie wollten. Das waren natürlich schwierige Voraussetzungen, um ein angemessenes Geschenk zu finden. Aber machbar. Ich ging mit meiner Mutter in die Stadt und stellte ein Ensemble aus Badeperlen (konnte man nie genug haben), Süßigkeiten (konnte man direkt essen) und einer Bibi-Blocksberg-Kassette (konnte mehr als Benjamin Blümchen) zusammen. Fehlte nur noch die Verpackung. Zu Hause suchte ich nach der Tüte, in der wir das Geschenkpapier von Ostern, Weihnachten und den Geburtstagen der letzten zehn Jahre aufbewahrten. Da war doch sicher eins dabei, das Leonie gefallen würde. Zwischen Packpapier und Nikoläusen auf grünem Grund wurde ich schließlich fündig: rosa schillerndes Papier, »Happy Birthday«-Schriftzug, tanzende Diddl-Mäuse – das einzige Geschenkpapier, das ein bisschen knalliger war als die anderen. Perfekt. Ich pulte die Tesafilmreste ab und holte das Bügeleisen aus dem Wandschrank, um die Knitterfalten zu entfernen. Darin hatte ich Übung. Schließlich musste ich samstags immer unsere Stofftaschentücher bügeln. Dann verzierte ich das Ganze noch mit einem goldenen Geschenkband, das ich zuerst mit einer Schere kringelte und dann mit einer Nadel in viele kleine Bänder auftrennte und war zufrieden.

Zumindest bis ich vor Leonie stand und ihr das Geschenk überreichte.

»Verrückt«, kreischte sie und wendete es hin und her, »das gleiche Papier hatten wir auch!«

»Ach ja?«

Ich ahnte Schlimmes.

»Klar«, rief Leonie, »damit hat meine Mutter letztes Jahr auch immer alle Geschenke eingepackt. Aber jetzt ist Diddl ja total out.«

Na toll. Nicht nur, dass ich Leonie ihr eigenes Geschenkpapier zurückschenkte, jetzt war es auch noch altmodisch. Zerknirscht klärte ich die Sache auf.

»Wie?«, fragte Leonie. »Ihr benutzt altes Geschenkpapier?«

»Ja klar. Ihr etwa nicht?«

»Natürlich nicht. Meine Mama kauft immer neues.«

Das einzige Mal, dass wir einen Bogen Geschenkpapier gekauft haben, war vor meiner Einschulung. Meine Mutter wollte nämlich keine genormte Schultüte kaufen, sondern selbst eine basteln, und ich durfte mir das Papier aussuchen. Im Schreibwarenladen ließ ich meine Finger über die verschiedenen Bögen Glanzpapier gleiten. Sie waren so glatt und rochen so neu, dass es unmöglich schien, sich für eins zu entscheiden. Schließlich fiel meine Wahl auf ein cremefarbenes, glänzendes Papier, auf dem weiße Tauben auf Zweigen saßen. In ihren Schnäbeln hielten sie goldene Ringe, die von einem rosafarbenen Band mit einer Schleife zusammengehalten wurden.

»Mama, das Papier möchte ich haben«, sagte ich.

Meine Mutter lachte.

»Das? Das ist Hochzeitspapier.«

»Na und?«

»Man nimmt doch kein Hochzeitspapier für eine Schultüte.«

»Warum nicht?«

Sie schwieg.

Und die neidischen Blicke meiner Mitschülerinnen am ersten Schultag gaben mir recht.

Trotzdem, dass in anderen Familien regelmäßig neues Geschenkpapier gekauft wurde, das war neu. Einfach so, für einen Geburtstag. Verrückt. Bis dahin hatte ich außerdem gedacht, der Inhalt sei weitaus wichtiger als die Verpackung, doch als ich die Geschenke der anderen Gäste sah, wurde ich eines Besseren belehrt. Allein auf die äußeren Werte kam es an. Das Geschenk von Janina zum Beispiel bestand hauptsächlich aus einem mit Gas gefüllten Luftballon. Er war rot und herzförmig und innendrin waren Konfetti und Glitzer. Wenn man ganz genau hinschaute, konnte man erkennen, dass sich irgendwo dazwischen ein lächerlich kleines Nici-Schaf befand (Nici-Tiere waren nämlich die neuen Diddlmäuse, nur ich hatte mal wieder nichts mitbekommen). Passte eigentlich ganz gut zu Janina. Tolle Verpackung, wenig Inhalt.

»Krass«, sagte Leonie.

War ich die Einzige, die daran dachte, dass nicht mehr viel von dem Geschenk übrig blieb, wenn der Luftballon erst einmal zerplatzt war?

Annemie hatte mittlerweile schon fast alle Geschenke ausgepackt. Das Papier warf sie auf den Boden, wo die anderen Kinder darauf herumtrampelten. Anders als damals bei Leonie zählte für Annemie offenbar nur der

Inhalt, und ich freute mich schon auf ihr Gesicht, wenn sie das Prinzessinnen-Kostüm sehen würde.

Doch meine Erwartungen wurden enttäuscht. Annemie schwang ein paar Mal den Zauberstab durch die Luft, warf dann alles in die Ecke und riss die Verpackung des nächsten Geschenks auf. Beleidigt rettete ich die Feenflügel vor den Wollmäusen, schlüpfte hinein und setzte mir die Krone auf. In das Tüllkleid passte ich leider nicht. Dann setzte ich mich auf das Sofa und aß die ganze Packung Kinderschokolade auf. Irgendwann kam Annemies Mutter und setzte sich neben mich.

»Mach dir nichts draus«, sagte sie. »Sie ist jetzt in der Pferdephase. Rosa interessiert sie nicht mehr. Ihre kleine Schwester steht übrigens total auf Captain Sharky, die fand rosa nie toll.«

Liebe Feministinnen, habt ihr das gehört? Es gibt verschiedene Phasen im Leben eines Kindes. Die Rosa-Phase, die Pferde-Phase, die Piraten-Phase und noch viele andere. Eine Phase zeichnet sich dadurch aus, dass sie vorübergeht. Also kein Grund zur Sorge.

Später, beim Verabschieden, umarmte mich Annemie und flüsterte mir ins Ohr: »Du kannst die Krone behalten, ich hab schon eine.«

Ich verkniff mir zu sagen, dass man Geschenke eigentlich behält, bedankte mich und fuhr gerührt nach Hause. Endlich hatte ich auch mal eine Krone! Mittlerweile rufe ich vor Geburtstagen immer an und frage nach, in welcher Phase Annemie sich gerade befindet. Hoffentlich dauert es noch eine Weile, bis sie sich für Jungs interessiert.

7 Das Müslimädchen besucht seine Oma und übt sich in reinen Gedanken. Äpfel werden verspeist und Köpfe rollen.

In den Herbstferien, ich war zwölfeinhalb und hatte ständig Angst, etwas zu verpassen, erlernte ich die Kunst des Pendelns. Es war ein goldener Oktober, und auch wenn die Nächte kühl waren, konnte man tagsüber noch im T-Shirt in der Sonne Eis essen und mit dem Fahrrad Ausflüge an den Baggersee machen. Das hätte ich zumindest gerne getan, doch meine Mutter wollte, dass ich Oma besuche.

Wenn es Oma und Opa Schwarzwald gewesen wären, okay. Denn dort gab es Fernsehen, Fürst-Pückler-Eis, Scheiblettenkäse und Mini-Sahne-Windbeutel von Bofrost. Aber meine Mutter meinte Oma Stuttgart, die auch ein Recht auf ihr Enkelkind hatte, und so setzte sie mich kurzerhand in den Regionalexpress.

Schon als ich die drei Stufen aus dem Zug hinunterkletterte, sah ich, wie mir Oma Stuttgart aus dem Gewusel der wartenden, ankommenden, abreisenden, sich begrüßenden und verabschiedenden Menschen heraus zuwinkte. Neben ihr stand ihr Mercedes. Ein knallrotes Cabriolet aus den Fünfzigern, auf das sie sehr stolz war und mit dem sie mehrere Stofftaschen transportierte, die prall gefüllt und mit Grasflecken übersät waren. Was sie Mercedes nannte war eigentlich nur ein ausgedienter Kinderwagen mit großen Rädern, aber Oma hätte niemals eines dieser Hinterziehwägelchen benutzt, die heute Hackenporsche heißen. Das war nur was für alte Leute.

Als Oma mich in die Arme schloss, stieg mir ihr vertrauter Apfelduft in die Nase. Wenn sie nicht gerade Äpfel aß, verarbeitete sie diese zu Kuchen, Kompott oder Pfannkuchen. Sie besaß fünf Baumwiesen im Stuttgarter Umland, die wir Enkelkinder einmal erben sollten. Falls wieder einmal schlechte Zeiten kämen. Oma hatte Ahnung von schlechten Zeiten, oh ja, denn sie hatte den Krieg erlebt und jahrelang so wenig zu essen gehabt, dass sie erst mit Anfang zwanzig ihre Regel bekommen hatte. Seither lebte sie in der ständigen Angst zu verhungern.

Einmal im Jahr fuhr die ganze Familie auf eine der Wiesen, Onkel, Tanten, Cousinen und Cousins. Die Erwachsenen sammelten das Fallobst vom Boden auf und wir Kinder kletterten in die Bäume und angelten mit Obstpflückern nach den ganz oben hängenden Äpfeln. Die Pflücker hatten einen langen Stiel, an dessen Ende ein Metallrahmen mit weichen Kronzacken befestigt war und einen Auffangbeutel aus Stoff, und jedes Mal wenn sich ein Apfel vom Zweig löste und hineinfiel, machte es »plopp«. Am Ende stritten wir darum, wer welche Sorte bekam, und immer fühlte sich jemand ungerecht behandelt.

»Du bist ja nicht gerade zurückhaltend, was die Gravensteiner angeht«, sagte Tante Hiltrud zu Tante Inge, die gerade ihren Kofferraum vollpackte.

»Ja und? Du magst die doch eh nicht.«

»Sagt wer?«

»Du.«

»Das ist mir allerdings neu!«

Tante Hiltrud war beleidigt. Und sauer. So wie die Äpfel, die sie unbedingt haben wollte.

»Was willst du überhaupt mit den ganzen Gravensteinern?«, fragte sie.

»Ich mache Saft draus.«

»Für dich?«

»Auch. Den Rest verkaufe ich.«

Tante Hiltrud schnappte nach Luft. »Das sieht dir ähnlich. Immer denkst du nur ans Geld!«

»Du kannst ja auch Saft machen, wenn du willst. Niemand hindert dich daran.«

»Ich lass mich auch von niemandem daran hindern!« Tante Hiltrud drehte sich um. »Herbert«, schrie sie. »Wir brauchen noch Gravensteiner!«

Und so weiter. Dabei hatte sowieso jeder einen anderen Lieblingsapfel. Braeburn, Gala, Goldparmäne, Jonagold, Gravensteiner, Boskop, Elstar, Cox Orange – nur Oma mochte alle Äpfel gleich gern. Meine Mutter hingegen konnte wegen ihrer Kernobstallergie keinen einzigen Apfel essen. Ich wusste, dass sie darüber sehr traurig war, denn manchmal sah ich, wie sie ein besonders rotbackiges Exemplar in die Hand nahm, an ihm roch, seufzte, und es wieder weglegte.

Hatten wir die Äpfel endlich aufgeteilt, karrten wir sie tüten- und kistenweise nach Hause und stellten sie dort in den Keller zum Überwintern. So gern ich die Äpfel auch mochte, wenn ich sie direkt vom Baum aß – je länger sie im Keller lagen, desto unattraktiver wurden sie für mich. Vor allem im Vergleich zu den Äpfeln, die meine Freundinnen in der Schule dabeihatten: makellose, glänzende, gleichmäßig gefärbte Granny Smiths. Gebotoxte amerikanische, genmanipulierte Äpfel, deren Geschmack zweitrangig war, da einem ihr Aussehen den Atem verschlug. Die Äpfel in unserem Keller hingegen waren wurmstichig und runzlig und immer gab es eine Stelle, um die man drum herumessen musste.

Auch an diesem Tag war Oma im Garten gewesen. Kaum saßen wir in der Straßenbahn, holte sie einen kleinen, hellgrünen Apfel heraus, polierte ihn an ihrem Rock, reichte ihn mir, griff nach einem weiteren und sagte: »Klaräpfel. Die sind besonders saftig.«

Wir kauten im Gleichtakt, der Saft lief mir über das Kinn und tropfte auf meine Jeans. Ein junges Mädchen, das uns gegenübersaß, schaute interessiert zu, worauf Oma in ihrer Tasche kramte und ihr einen Apfel hinhielt.

»Bitteschön«, sagte sie. »Frisch gepflückt.«

Das Mädchen errötete, bedankte sich und nahm ihn entgegen. Oma hasste Geschenke. Jedenfalls die, die für sie bestimmt waren; andere Menschen zu beschenken verschaffte ihr jedoch eine innere Befriedigung. Also teilte sie ihr Brot, ihre Liebe und alles andere. Als mein Opa an einem Herzinfarkt starb, löste sie seinen Handwerksbetrieb auf und machte eine Ausbildung zur Heilpraktikerin. Von da an kamen eben andere in den Genuss ihrer Großherzigkeit. Sie spezialisierte sich auf Fußreflexzonenmassage, eine sanfte Art, Menschen zu heilen, ganz ohne Spritzen. Das hätte ihr vermutlich auch mehr wehgetan als den Patienten.

Vier Äpfel später verließen wir die Straßenbahn und gingen zu Fuß weiter, bis wir schließlich Omas Straße erreichten. Ihr Haus war das kleinste von allen, es schmiegte sich an die hohen Bürogebäude, die in den letzten Jahren links und rechts davon errichtet worden waren. Eine Trauerweide im Hinterhof winkte etwas wehmütig mit ihren herunterhängenden Ästen, als verabschiede sie sich noch immer von ihren Freunden in der Nachbarschaft, die im Zuge der Modernisierung gefällt worden waren.

Auch Uroma war nicht mehr da. Sie wohnte früher im Erdgeschoss und ich vermute, dass sie einen Pferdefuß hatte, aber sicher bin ich mir nicht. Ich kannte nur ihren Kopf. Den streckte sie immer dann zum Fenster raus, wenn mein Cousin und ich mit dem Wasser in der Regentonne spielten.

»Geht ihr wohl vom Wasser weg«, keifte der Kopf und wackelte hin und her: »Das brauche ich für meine Blumen!« Dann rannten wir so schnell wir konnten und brachten uns im Schuppen hinter dem Haus in Sicherheit.

»Die kann uns gar nichts, wir sind sowieso schneller«, sagte mein Cousin und wir lachten, aber nachts träumte ich von Uromas Kopf, der hinter mir herrollte.

Mittlerweile wohnte im Erdgeschoss ein Student, der sich ebenso wenig für das Regenwasser interessierte wie ich. Die Zeiten waren vorbei.

Im ersten Stock befand sich Omas Wohnung. Alle Zimmer gingen fächerförmig vom Flur ab, auf dessen Linoleumboden man herrlich auf Wollsocken herumrutschen konnte. Und dicke Socken brauchte man, denn bei Oma wurde nur in der Stube geheizt. Regelmäßig trug sie Bohnerwachs auf und polierte den Boden mit dem Blocker: ein Gerät, das aus einem zehn Kilo schweren, gusseisernen Block bestand, der einen Bürstenbelag an der Unterseite hatte und mit einem Besenstiel verbunden war. Schon meine Mutter durfte, als sie klein war,

Blocker fahren – ein Ritual, das an die Enkelkinder weitergegeben wurde und sowohl den Boden als auch die mitfahrende Person glücklich machte.

Sobald wir in der Wohnung waren, ging ich wie eine Katze schnuppernd durch die Zimmer und prüfte nach, ob alles roch wie immer: die Küche nach Hefe und angebratener Butter, die Stube nach geöltem Holz und alten Polstermöbeln, das Bad nach Ringelblumensalbe, Johanniskrautöl und Gallseife. Omageruch überall. Das machte mich froh, denn dass sich mein Körper beinahe täglich veränderte, war beunruhigend genug, und ich wusste Beständigkeit zu schätzen.

Nachdem mein Koffer verstaut war, buken wir einen Apfelkuchen. Oma schälte die Äpfel und viertelte sie, während ich die Zutaten für den Teig in eine Schüssel gab. Obwohl sie ein Rührgerät besaß, das irgendwo in ihrem Küchenschrank lag, bearbeitete sie den Teig lieber mit dem Schneebesen, und zwar ausschließlich im Uhrzeigersinn. Nur so würde der Kuchen locker und luftig, sagte sie.

Während der Kuchen im Backofen war, diktierte sie mir das Rezept, das ich mit meinem Schönschreibfüller, der eine schräg angeschnittene Feder hatte und auf den ich sehr stolz war, in mein extra dafür angelegtes Heft schrieb.

VERSUNKENER APFELKUCHEN (von Oma Stuttgart)

3 Eier
150 g Zucker
100 g Mehl
50 g Fett (Rama)

Eiweiß schlagen, das Eigelb mit den restlichen Zutaten verrühren, dann das Eiweiß unterheben. Eine Springform gut fetten und mit Brosamen oder gemahlenen Mandeln bestreuen, den Teig hineingeben. Geschälte, entkernte, in Viertel geschnittene Äpfel auf den Teig legen und bei 180–200 Grad 35 bis 45 Minuten backen.

Das Abendessen ließen wir ausfallen, genau wie das Frühstück und das Mittagessen am nächsten Tag. Es gab schließlich Apfelkuchen. Und zum Nachtisch Bauchschmerzen. Zu Hause bekam ich in solchen Fällen einen Fingerhut Jägermeister auf Ex. Er zählte nicht als Alkohol, sondern als Medizin.

»Entweder du musst spucken oder es geht dir besser«, sagte meine Mutter, und spucken musste ich nie.

Oma war nicht so radikal. Sie massierte mir stattdessen die Füße an der Stelle zwischen Knöchel und Ferse, die laut Fußreflexzonen für die Verdauung verantwortlich ist. Dabei lag ich auf der Massageliege, an deren Kopfende ein lebensgroßes Skelett über den Patienten wachte.

Das ganze Wohnzimmer sah aus wie eine Arztpraxis, nur gemütlicher. An der Wand hingen Anatomie-Tafeln – »Die menschliche Muskulatur«, »Das menschliche Gehirn«, »Das Lymphsystem«, »Die Fußreflexzonen« –, in den vollgestopften Regalen stapelten sich geheimnisvolle Bücher über Akupunktur, Akupressur, Ganzheitliche Medizin, Kristalltherapie und Reiki. Am liebsten aber war mir die Bach-Blütentherapie-Box, die wie ein Gesellschaftsspiel aussah. Sie bestand aus 38 verschiedenen Karten mit Fotos von Pflanzen, deren Namen – Tausendgüldenkraut, Holzapfel, Gefleckte Gauklerblume, Doldiger Milchstern – ich beim Lesen immer leise vor mich hinsprach, weil sie so schön waren. Wenn ich meine fünf Lieblingskarten ausgewählt hatte, sah ich auf der Rückseite nach, was sie bedeuteten.

Tausendgüldenkraut: Sie können nicht Nein sagen, sind immer für andere da, Ihre Gutmütigkeit wird leicht ausgenutzt.

Schließlich holte Oma ein Köfferchen mit Ampullen, aus denen sie mir meine ganz persönliche Essenz zusammenmischte. Ich passte sehr gut auf das kostbare Fläschchen auf, denn laut Oma half der Inhalt gegen alles: Liebeskummer, Verstopfung und sogar brüchige Haare und Nägel.

Regelmäßig kamen auch andere Menschen vorbei, die sich von Oma die Füße massieren ließen. Einer von ihnen war Herr Gruber. Sie hatte ihn bei der Heilpraktikerausbildung kennengelernt, und obwohl er noch viel älter aussah als Oma, machte er ihr Avancen, was ich einerseits ungehörig fand, aber andererseits auch verstehen konnte. Denn Oma war schön, mit ihren veilchenblauen Augen und den weißen Haaren, die sie seit dem Tod meines Opas wachsen ließ (er hatte einen praktischen Bob mit einer leichten Dauerwelle bevorzugt). Inzwischen waren die Haare hüftlang und Oma verwandelte sie jeden Morgen mit Haarkämmen zu einer Hochsteckfrisur, die sie mit Anmut trug. Obwohl sie nur wenig Schmuck besaß, zierte immer eine Süßwasserperlenkette ihren Hals und ihre geblümten Kleider und Röcke wippten so mädchenhaft auf und ab, dass ich mir schwor, niemals so auszusehen wie die anderen Omas, die ich kannte, mit ihren kurzen, gefärbten Haaren und den dicken Beinen, die in weißen Gesundheitsschuhen mit Lüftungslöchern steckten. Denn alt werden musste ich wohl, aber dann wenigstens in Würde.

Während Oma also im Wohnzimmer Herrn Grubers Füße knetete, lag ich auf dem Sofa im Zimmer nebenan und blätterte in der *Apothekenumschau*. Durch die angelehnte Tür hörte ich, wie sie sich halblaut unterhielten und Herr Gruber meiner Oma Komplimente machte, die sie lachend abtat. Als er gegangen war, hatte Oma ganz rosige Wangen, und einige Haarsträhnen hatten sich aus ihrer Frisur gelöst. Wir aßen die Kuchenreste direkt aus der Springform, die auf dem Tisch stand, und ich dachte nach.

»Sag mal, Oma, warum hast du eigentlich keinen neuen Mann?« Mein Opa war gestorben, als ich zwei war, und ich dachte, ihr müsste ganz schön langweilig sein, so alleine. Oma stand auf und wischte die Krümel vom Tisch in ihre hohle Hand. Dann drückte sie ihren Rücken durch, stemmte die Arme in die Hüften und sagte: »Ich habe lange genug jemandem hinterhergeräumt! Jetzt will ich mich endlich mal um mich selbst kümmern.«

Darauf wusste ich nun nichts zu sagen, doch sie schob noch hinterher: »Ein Mann ist da nur im Weg. Du wirst noch an meine Worte denken.«

»Aber der Herr Gruber …«

»… ist etwas ganz Besonderes«, sagte sie. »Er kann nämlich die Aura von anderen Menschen sehen.«

»Die Aura?«, fragte ich.

»Das ist das Energiefeld, das jeden Menschen umgibt. Es sieht aus wie ein bunter Schatten«, sagte Oma.

Anhand der Aura könne man, so lernte ich, ganz einfach erkennen, wer gut und wer böse ist. Ich war schockiert. Bis zu diesem Zeitpunkt hatte ich nicht gewusst, dass mein Charakter derart durchschaubar war. Welche Farbe meine Aura wohl hatte? Grün, blau, rot? Oder,

Hilfe, etwa schwarz? Schließlich hatte ich in letzter Zeit ein paar Mal gelogen und außerdem niederträchtige Tagträume gehabt, in denen Janina, die Klassenschönheit, plötzlich schlimme Akne bekam. Aber ich war neugierig. Herr Gruber sollte auch meine Aura sehen!

Am nächsten Tag übte ich mich in reinen Gedanken. Tatsächlich war das weitaus schwieriger, als etwas Nettes anzuziehen und sich die Haare zu kämmen. Als Herr Gruber an der Tür klingelte, hatte ich mein Inneres so aufgehübscht, dass ich mich ganz pink fühlte. Ich stellte mich in Position. Brust raus, Schultern nach unten, Pobacken zusammenkneifen.

»Hallo«, sagte ich.

»Hallo«, sagte Herr Gruber.

Er sah so normal aus, gar nicht wie jemand, der in Menschen hineingucken kann.

»Du bist also die Enkeltochter«, sagte er freundlich und zog seine Schuhe aus. Ich strahlte und hoffte, die Energie um mich herum würde das auch tun. Aber ich spürte – nichts. Oma nahm Herrn Gruber seinen Mantel ab, schob uns in die Stube und sagte: »Ich mache uns erst mal einen Tee.«

Nachdem Oma in der Küche verschwunden war, hörten wir, wie sie mit dem feinen Porzellan klapperte, und da wir nicht wussten, was wir sagen sollten, setzten wir uns an den Tisch, wo ich versuchte, meine Beine ruhig zu halten. Mitten in unser Schweigen kam Oma mit dem Tee herein, eine selbstgepflückte Kräutermischung aus dem Garten. Während sie die Tassen füllte, hielt ich es nicht länger aus.

»Können Sie mir bitte sagen, wie meine Aura aussieht?«, fragte ich in Richtung Herr Gruber, ohne ihn anzuschauen, denn mein Anliegen kam mir auf einmal recht egozentrisch vor. Nach einer kurzen Pause hob ich meinen Blick und sah, wie er mich musterte.

»Gut«, sagte er. »Sie sieht gut aus. Mach dir keine Sorgen.«

Dann wedelte Oma ihn vom Stuhl Richtung Behandlungszimmer und schloss die Tür. Ich blieb alleine sitzen. Das war alles? Empörung bahnte sich ihren Weg aus meinem Bauch nach oben. Keine Farbanalyse, keine detaillierte Beschreibung meiner inneren Qualitäten. Einfach nur »Gut«. In Schulnoten gesprochen eine Zwei. Dabei hatte ich mir vorgestellt, wie Herr Gruber meine Aura in den schillerndsten Farben schildern würde, regenbogenbunt und mit Glitzer obendrauf und Einhörnern, die spazierengaloppieren. Die Operation Aura war vergeudete Zeit gewesen. Obwohl, nicht ganz. Als die Schule wieder losging, erzählte ich Janina, dass ich in den Ferien gelernt hatte, die menschliche Aura zu sehen. Und dass sie, leider leider, was das anging, nun ja, noch an sich arbeiten müsse. Barbie hin oder her. Danach war Janina ein paar Wochen lang außergewöhnlich ruhig.

Die folgenden Urlaubstage verbrachten wir mit Fußmassagen, Gartenbesuchen in der Herbstsonne und einem Bienenstich in meinem Fuß, den Oma kurzerhand aussaugte und der dann gar nicht mehr wehtat. Außerdem brachte mir Oma beim Warten auf die Straßenbahn bei, wie eine Dame zu gehen, indem sie auf der weißen Linie, die den Bahnsteig begrenzte, zierlich einen Fuß vor den anderen setzte. Am letzten Tag schenkte sie mir eine Kette mit einem Rosenquarz. Der Anhänger war konisch geformt und wie ein Diamant geschliffen, sodass sich das Licht darin brach.

»Er beantwortet dir alle wichtigen Fragen des Lebens«, sagte Oma und legte mir die Kette in die Hand. Das wunderte mich, denn bisher dachte ich, dafür seien meine Eltern oder die Lehrerin zuständig.

»Wie meinst du das?«, fragte ich.

Oma fasste mit zwei Fingern den Verschluss der Kette und ließ sie hin- und herschwingen.

»Das ist ein Pendel. Du stellst eine Frage, die mit ›Ja‹, ›Nein‹ oder ›Vielleicht‹ beantwortet werden kann, und das Pendel gibt dir eine Antwort.«

Sie schenkte mir noch ein Buch, in dem alles genau beschrieben war, und ging zur Tür.

»Warte«, sagte ich. »Woher weiß das Pendel die richtige Antwort?«

Oma drehte sich in der Tür um.

»Weil sie schon in dir drin ist.« Dann ging sie in die Küche, um Maultaschen zu machen.

Ich schlug das Buch auf. Pendeln. Das hörte sich vielversprechend an, jedenfalls besser als dieses doofe Aura-Gegucke. Akribisch befolgte ich die Anleitung. Also. Gerade hinsetzen. Ellbogen auf den Tisch stützen, Kette mit Anhänger locker festhalten. Atmen. Das Pendel justieren, damit klar ist, was »Ja« und was »Nein« bedeutet. Vor- und Zurückpendeln, dabei »Ja« denken. Ja, ja, ja, ja, ja. Nach links und rechts pendeln: Nein, nein, nein. Kreisen lassen. »Vielleicht« denken. Okay, jetzt der Test: Bin ich ein Mädchen? Das Pendel schwingt vor und zurück. Gut, es ist vertrauenswürdig. Und dann, endlich, die Frage, die an Wichtigkeit kaum zu übertreffen ist: Ist Jakob genauso in mich wie ich in ihn?

Das Wort, um das es eigentlich ging, erschien uns zu groß, um es auszusprechen, also behalfen wir uns mit diesem grammatikalisch unkorrekten Ausdruck, wenn es um Liebe ging, beziehungsweise das, was wir dafür hielten. Doch das Pendel bewegt sich nicht. Die Hände schwitzen. Der Oberarm fängt an zu zittern. Vergebliche Versuche, die eigenen Gedanken nicht zu beeinflussen. Auf das Pendel starren. Mich dabei erwischen, wie ich denke, dass Jakob mich einfach lieben muss, weil sonst – nein, ich denke an nichts. Rein gar nichts. Das Pendel fängt an, sich zu bewegen. Im Kreis. Nein, nein, nein, das ist falsch, das kann nicht sein! Doch dann: Vor. Zurück. Vor. Zurück. Ja? Ja! Dankeliebergottfallsesdichgibt. Bester Urlaub meines Lebens!

»Na, wie war es bei Oma?«, fragte meine Mutter, die mich am Bahnhof mit dem Auto abholte.

»Super!«

Ich zog den Anhänger aus der Jackentasche und hielt ihn ihr hin.

»Ich kann jetzt Sachen auspendeln.«

Meine Mutter schaute kurz zu mir rüber und wieder auf die Straße. Sie schüttelte langsam den Kopf.

»Du glaubst das doch nicht etwa.«

Ich zuckte mit den Achseln. Nein, ich glaubte es nicht, ich wusste es! Aber Mütter wissen oft erstaunlich wenig, jedenfalls von den wichtigen Dingen. Ich beschloss, mein neues Geheimnis lieber mit Nora zu teilen.

Wir trafen uns an der Parkmauer und ich holte das Pendel heraus. Dann erzählte ich alles. Von Oma, von den Fragen und vor allem von den Antworten, von den schönen, den wunderbaren Antworten. Nora flüsterte jetzt.

»Ich will wissen, ob Anton in mich ist.«

War er. Wir erfuhren außerdem, dass sie in der Mathearbeit eine drei Minus bekommen würde und dann fiel uns erst mal nichts mehr ein. Also gingen wir zum Bäcker und kauften bunte Gummischlangen, die, die aussehen wie Spaghetti, und dann setzten wir uns in den Park, schluckten sie zur Hälfte runter und zogen sie wieder raus. Das gurgelte lustig und alles, was wir an dem Tag noch aßen, schmeckte nach Cola.

»Ich weiß noch was«, sagte Nora. »Lass uns fragen, wann wir sterben.« Wir hatten große Angst vor dem Tod. Also nicht vor dem Tod an sich, sondern davor, dass eine von uns vielleicht früher sterben müsste, wegen einer Krankheit oder bei einem Unfall. Dann wäre die, die übrig bleibt, ganz alleine. Um das zu verhindern, hatten wir einen Plan geschmiedet, nämlich im Alter von ungefähr 90 Jahren Hand in Hand gemeinsam von einer Klippe zu springen. Ein klares Ende, ohne Dahinsiechen und Einsamkeit im Altersheim. Doch jetzt gab es einen Plan B. Wir legten uns auf die Wiese und Nora nahm das Pendel.

»Werde ich älter als 90?«, fragte sie und das Pendel begann, vor und zurück zu schwingen. Ja.

»Werde ich 91?«

Das Pendel bewegte sich von links nach rechts. Nein.

»Werde ich 92?«

Nein. Bei 94 schließlich schwang das Pendel vor und zurück. Wir stießen die Luft aus, die wir angehalten hatten – 94 war ein gutes Alter um zu sterben. Dann war ich dran, und ich führte die Fragen in der gleichen Weise aus, bis das Pendel bei 95 meinen Tod bestätigte. Wir jubelten, legten uns auf den Rücken und strampelten mit den Beinen. Wir würden alt werden, richtig alt! Und da ich ein Jahr älter war als Nora, würden wir gleichzeitig sterben, hurra! Um das Ergebnis für alle Ewigkeiten schwarz auf weiß auf Papier zu bannen, schrieben wir es fein säuberlich auf einen Zettel, dessen Rand wir mit dem Feuerzeug ankokelten, dann steckten wir ihn in ein Döschen, spuckten hinein und vergruben es im Park, der einmal ein Friedhof gewesen war, was uns dem Thema angemessen erschien. Dort liegt es wahrscheinlich bis heute.

8 Die Müslifamilie fährt in den Urlaub, trifft ein Frankfurter Würstchen und schließt einen Pakt mit dem Teufel.

An der beschlagenen Windschutzscheibe unseres roten Opel Caravan nahm ein Fußabdruck, Größe sechsunddreißigeinhalb, Gestalt an. Meine Mutter war in Ferienstimmung. Ihre Schuhe lagen unter dem Sitz, die frisch lackierten Zehennägel schimmerten beige-golden. Angeblich der letzte Schrei, das hatte sie jedenfalls in der *Brigitte* gelesen. Aus den Lautsprechern heulte Celine Dion, dass das Leben früher spaßiger war, aber diese Tage leider, leider Vergangenheit sind. Die Kassette hatte ich an einer der französischen Autobahnraststätten gekauft, die ich so gerne mochte, weil es sich dort, nur eine Dreiviertelstunde von zu Hause entfernt, sofort nach Urlaub anfühlte und ich mit meinen Französischkenntnissen angeben konnte. Bonjour Madame, oui c'est tout, au revoir.

Celine Dion war unser musikalischer Kompromiss, poppig genug für mich, klassisch genug für meine Mutter. Für meinen Vater war es die Hölle, aber das war für ihn sowieso alles außer Schubert (»Das deutsche Lied. Total unterschätzt!«). Nach zwölf Jahren Ehe wusste er allerdings, dass sein Hoheitsgebiet einen Meter von seinem Flügel entfernt endete.

Auf der Rückbank lagen der Rucksack mit dem Reiseproviant und ein Stapel Wolldecken, denn bei Temperaturen unter 20 Grad bekam meine Mutter Angst, dass ihr lebenswichtige Organe abhanden kommen könnten.

Dazwischen saß ich. Und ich hatte zu tun! Denn es war ja nicht so, dass ich mich faul herumkutschieren lassen würde, nein, als vorbildliche und einzige Tochter unterstützte ich meinen Vater natürlich beim Fahren. Ich verrenkte mich so weit, bis ich zwischen meinen Eltern hindurchschauen und die Straße überblicken konnte und lenkte imaginär mit, setzte den Blinker, beschleunigte, überholte; es war wie Computerspielen, nur besser.

Trotzdem machte ich das nicht zum Spaß. Es galt, eine Sauerei zu verhindern, denn beim Autofahren wurde mir schlecht. Immer. Am schlimmsten war der Weg zu Oma und Opa im Schwarzwald, der ausschließlich aus kurvigen Landstraßen bestand. Kurz vor dem Ziel gab es eine Art Plattform mitten im Wald, die genug Platz zum Wenden bot. Man konnte aber auch einfach sinnlos im Kreis darauf herumfahren, was mein Onkel gerne tat und meine Cousinen und Cousins vor Freude kreischen ließ. Mich nicht, und obwohl ich ihn bat, damit aufzuhören, drehte er – hihi – noch eine Extrarunde. Danach lachte er dann nicht mehr.

Meine Mutter war nach jahrelanger Erfahrung deutlich besser auf derartige Krisensituationen vorbereitet. Deshalb befand sich auch immer eine Rama-Dose im Handschuhfach unseres Autos. Nur für den Fall, dass mein Vater es nicht mehr rechtzeitig schaffte, anzuhalten. Warum ausgerechnet eine Rama-Dose? Nun, aus drei Gründen.

Erstens hatten wir immer Rama im Haus. Da die gute deutsche Markenbutter teuer und kostbar war, diente sie bei uns ausschließlich als Brotaufstrich. Gekocht und gebraten wurde hingegen mit Rama, das war schon bei meiner Oma so und hatte schließlich niemandem geschadet, also führte meine Mutter diese Tradition fort.

Zweitens waren die Rama-Dosen recycelbar und als ausgespülte Plastikbehälter zum überallhin mitnehmen »unglaublich praktisch« (Mama) beziehungsweise »unglaublich peinlich« (ich). Man kann Essen in ihnen transportieren. Man kann Blumen in ihnen pflanzen. Und man kann sogar Kinder mit ihnen großziehen.

Als ich mit drei Jahren immer noch in die Windel machte und mich weigerte, das Töpfchen zu benutzen, schnitt Oma Stuttgart kurzerhand ein paar Zacken in eine Rama-Dose, setzte sie mir auf und sagte: »Ein König setzt sich nun mal auf den Thron, wenn er Geschäfte zu erledigen hat.« Überwältigt von dieser Logik ließ ich mich nieder und verlangte nach einem Zepter. Schwierig wurde es erst einige Monate später, als meine Eltern versuchten, mir den Thronbesuch OHNE Krone schmackhaft zu machen, aber das ist eine andere Geschichte.

Drittens erleichtert der Restgeruch des Streichfettes, der auch durch mehrmaliges Spülen nie ganz verschwindet, das Übergeben ungemein. Rama, es lebe das Frühstück!

Aber dieses Mal blieb die Rama-Dose im Handschuhfach und das Essen drin. Wäre ja auch schade drum, die guten Dinkelbrote! Mit Bio-Gouda und Gürkchen! Während mein Vater nach dem fünften Brötchen verlangte, fing es draußen an zu regnen. Die Wassertropfen perlten langsam an den Scheiben herab. Neun Sekunden brauchte ein Tropfen für den Weg vom großen Zeh bis zur Ferse. Neun Stunden hatten wir noch vor uns, bis wir in Südfrankreich ankommen würden.

Eigentlich wollten wir schon einen Tag eher losfahren, am ersten Ferientag, aber dann gab es noch so viel zu tun im Haus. Jemand musste putzen und spülen und packen, jemand musste die Rosen im Garten zurückschneiden und eine Liste erstellen, was vor dem Urlaub noch alles erledigt werden muss (die Rosen zurückschneiden). Dieser Jemand war meine Mutter, und sie hatte schlechte Laune. Schimpfend stampfte sie die Treppen rauf und runter und trug Dinge von A nach B. Mein Vater hatte sich derweil in seinem Arbeitszimmer hinter einem Bücherstapel verbarrikadiert, denn auch er hatte noch einiges abzuarbeiten, bis er ohne schlechtes Gewissen entspannen konnte. Und das wollte er, zur Not auch mit Gewalt. Dafür war der Urlaub ja schließlich da.

Während in Haus und Garten die Urlaubsvorbereitungen auf Hochtouren liefen, saß ich am Fenster und überlegte, was ich im letzten Leben wohl verbockt hatte, dass ich mit diesen Eltern bestraft wurde. Alle anderen Familien schafften es nämlich, pünktlich in den Urlaub zu fahren, manche sogar zu einer bestimmten Uhrzeit. Selbstverständlich hatten sie bereits Tage vorher Listen erstellt und Wäsche gewaschen und Koffer gepackt, sodass die Kinder einfach nur ins Auto hüpfen mussten und sogleich mit Michael Jackson (aus dem CD-Player) und Kartoffelsalat (aus der Tupperdose) bespaßt wurden. Sie fuhren dann in ein Hotel an die Adria oder flogen nach Fuerteventura in ein All-Inclusive-Hotel, in dem es Animateure gab und viele andere Kinder. Nach dem Urlaub kamen sie braungebrannt wieder und zeigten stolz ihre frischen Narben, die sie von irgendeiner neuen Wassertrendsportart hatten.

Nicht so bei uns. Ein fester Termin machte meiner Mutter Magenschmerzen, denn sie wusste genau, dass mein Vater Züge grundsätzlich nur erwischte, wenn sie Verspätung hatten. Und wie das am Flughafen wäre, wollte sie gar nicht erst ausprobieren. Nein, wir hatten unser Auto und das Zelt, und nach einigen Jahren konnte ich alle Strände der Nord- und Ostsee blind an der Beschaffenheit ihres Sandes erkennen. Gut, wir waren auch schon in Italien gewesen und in Dänemark, und seit einigen Jahren verbrachten wir die Pfingstferien immer auf dem Campingplatz in Südfrankreich.

Meine Mutter sagte gerne: »Wir sind eben autark«, und erst als ich ein paar Jahre später in einem Aufsatz ebendieses Wort verwendete – ich schrieb: »Anna hatte den Bus verpasst, denn sie war wie immer autark« – und Frau Homeier den Satz rot unterschlängelte sowie ein großes Fragezeichen danebenmalte, erfuhr ich, dass »autark« kein Synonym für »unpünktlich« ist.

Unterdessen hatte der Regen aufgehört und die Celine-Dion-Kassette war einmal durchgelaufen. Da fing meine Mutter an zu singen.

»Drei Gäns' im Ha-ber-stroh …«

Nein, bitte nicht.

»… sa-ßen da und wa-ren froh.«

Ich war zu alt für so was. Mein Vater offenbar nicht. Kanonerprobt begann er von vorne, während meine Mutter weitersang.

»Kommt der Bauer gegaaaangen …«

Argh, jetzt kam die zweideutige Stelle. Peinlich.

»… mit 'ner langen Stangen.«

Ich vergrub den Kopf unter dem Nackenkissen. Warum taten sie mir das an? Sie waren doch im Urlaub, nicht bei der Arbeit.

Sowieso, ständig musste mich meine Mutter blamieren. Zum Beispiel bei Karstadt, wenn ich mich von der Umkleidekabine aus suchend nach ihr umschaute und sie zwischen Kleiderstapeln winkte und »Hu-huuu!« rief.

Das sieht geschrieben zugegebenermaßen relativ unspektakulär aus. Es war eher ein »HU-HUUU!«, eine Terz mit leichtem Vibrato, schätzungsweise irgendwo im Bereich des hohen F. Kurz, so hoch und laut und unpassend, dass die anderen Kundinnen vor Schreck ihre Funktionsjacken fallen ließen, die sie sich aufgrund der stickigen Kaufhausluft unter die Arme geklemmt hatten.

Oder wie meine Mutter nieste. Ihr Niesen war kein niedliches »Hatschi«, so ein unterdrücktes mit zugehaltener Nase für feine Damen. Eher ein »HUATSCHIUHA!« nach dem Motto ›alles raus, was keine Miete zahlt‹. Mit ihrem Tremolo brachte sie das Windspiel in der Küche zum Läuten und Menschen an den Rand des Wahnsinns. Und an Weihnachten, in der Kirche, hob sich ihre geschulte Stimme nicht nur von dem Einheitsbrei der Gemeinde ab, sie sang mit meinem Vater auch noch zweistimmig. Zweistimmig!

Meine Mutter war laut. Unangepasst. Emanzipiert. Im Großen und Ganzen ziemlich fabelhaft, nur nicht in den Augen einer pubertierenden Tochter.

Jetzt drehte sie sich nach hinten und deutete mit einem Kopfnicken meinen Einsatz an, den ich knallhart ignorierte. Sie zuckte die Schultern und performte den Bauern.

»Er ruft: Wer do, wer do, wer do?«

Der Bauer verwandelte sich in eine giggelnde Gans.

»Drei Gi-ga-gi-ga-gi-ga-gä-hä-häns im Haberstroh.«

Ich schüttelte den Kopf, da entdeckte ich, wie im Auto neben uns zwei Kindernasen an der Scheibe klebten. Die dazugehörigen Gesichter lachten lautlos. Über uns? Über uns! Bestimmt sah es anders aus, wenn sich Reisende hinter der Scheibe ganz normal unterhielten oder aber sangen. Guck mal, die machen ein Hauskonzert auf der Autobahn, las ich von den Lippen der Scheibenkinder ab. Hahahaha!

Plötzlich fühlte ich mich gar nicht mehr zu alt fürs Singen, eigentlich war es ja wohl eher so, dass die Hosenscheißer da drüben zu klein waren, um *irgendwas* zu verstehen. Nämlich wie schön es sein kann, Musik zu machen. Einen Kanon zu singen. Und ja, auch eine Gans zu imitieren. Also los, ich war an Bord, grölte »… sa-ßen da und wa-ren froh«, und dann schnitt ich den Scheibenkindern Grimassen. Ätsch. Wir gaben dann noch einige weitere Perlen des deutschen Liedgutes zum Besten, »Hejo, spann den Wagen an« und »Es tönen die Lieder«, und meine Eltern mussten schwören, dass sie das niemals meinen Freunden verraten.

In den Pausen, die wir alle zweieinhalb Stunden machten, erntete ich vorwurfsvolle Blicke, weil ich jedes Mal ein Eis wollte. Was für eine Verschwendung! Mein Vater hingegen, der Einzige am Steuer, machte Lockerungsübungen. Er verschränkte die Hände hinter dem Rücken, beugte sich nach vorne, kopfüber, die Arme in die Luft gestreckt. Bei jedem Halt holte er sich an einem Kaffeeautomaten in der Raststätte einen Espresso, den er schweigend trank und dabei auf dem Autodach Klavier spielte.

Wir fuhren an hügeligen, gelben Feldern vorbei, die in der Abendsonne orange leuchteten.

»Hab ich es nicht gesagt?«, rief meine Mutter. »Der Ginster steht schon in voller Blüte.«

Sie blätterte in ihrem schwarzen Taschenkalender, wo sie jedes Jahr im Urlaub alle wichtigen Details notierte (Außentemperatur, Laune, Flora und Fauna, bereits erledigte oder noch zu leistende Einkäufe).

»Letztes Jahr war er nämlich schon im Mai knallgelb.«

Kurz war es still. Mein Vater und ich hielten den Atem an. Na? Meine Mutter drehte sich nach hinten und grinste. Sie sah aus, als würde sie gleich einen dreckigen Witz erzählen.

»Ich bin ganz beginstert!«, sagte sie.

Kein Wunder, dass sie die Einzige war, die über ihre Witze lachte. Ihr fehlte einfach das Pokerface. Ich hingegen verzog keine Miene.

»Verstehste? Begeistert – beginstert.«

»Ja, Mama. Echt witzig.«

Unser Wortspiel. Jedes Jahr aufs Neue.

Nach einer Nacht auf der Autobahn fuhren wir am nächsten Vormittag durch eine Landschaft, die so französisch aussah, dass es mich nicht gewundert hätte, wenn sich die Olivenbäume eine rote Gauloise ansteckten. Jetzt hatten wir nur noch zwanzig Kilometer Landstraße vor uns. Mein Vater drosselte das Tempo, ich kurbelte das Fenster herunter. Da, am Horizont blitzte es auf, blau, glitzernd, mit weißen Schaumkronen.

»Herrlich«, sagte mein Vater. »Jetzt dauert es nicht mehr lange.«

Er lehnte sich zurück, drückte die Arme durch und schaute stolz aus dem Fenster, ganz so, als ob er es wäre, der das Meer erfunden hatte. Seine Augen hinter der runden, goldenen Brille blinzelten. Der Ozean, das Tor zur großen weiten Welt. Unendliche Möglichkeiten. Meine Mutter kaute mit offenem Mund eine Fruchtschnitte.

Aus einem Feldweg fuhr ein Traktor mit Anhänger auf die Straße und fädelte sich vor uns ein.

»Halt, mach langsam!«, rief meine Mutter und griff meinem Vater ins Lenkrad. Er reagierte sofort, schaltete den Warnblinker ein und betätigte das Bremspedal. Schnell und doch sanft, Pianist durch und durch. Meine Mutter hielt sich an der Kopfstütze fest. Der Traktor brummte mit 25 Stundenkilometern die Straße entlang, die Autoschlange hinter uns wurde immer länger. Einige Fahrer machten zaghafte Überholversuche. Mein Vater wurde übermütig, fuhr nah auf. Mutter warf ihm einen Seitenblick zu.

»In Frankreich darf man das«, sagte er.

Die letzten Minuten fuhren wir am Meer entlang, parallel zur Strandpromenade, dann fädelten wir uns in den Kreisverkehr ein, in dem eine einzelne, hagere Palme stand, der man ansah, dass der Mistral immer vom Meer weht. Direkt dahinter lag der Campingplatz, in einem kleinen Kaff mit einer Disco, einem Hafen und ein paar Geschäften, wo man anzügliche Postkarten kaufen konnte, auf denen Frauen in Stringtangas am Strand posieren, außerdem aufblasbare Krokodile und Sonnenöl der Marke »Monoï de Tahiti« mit Kokosduft.

Entdeckt hatten wir den Platz vor ein paar Jahren, als wir mit dem Auto quer durch Südfrankreich fuhren: Camargue, Côte d'Azur, Provence. In der Provence hatte es uns am besten gefallen, wegen der Unaufgeregtheit, der Landschaft und der Leute, die nicht so schicki-micki waren, wie meine Mutter nicht müde wurde zu betonen (natürlich fuhr sie trotzdem gerne mal im Urlaub nach St. Tropez oder Cannes, nur um danach befriedigt zu verkünden, dass es auf unserem Campingplatz eben doch am schönsten sei).

Das Campinggelände war weitläufig und lag auf einem

kleinen, mit Pinien bewaldeten Hügel, direkt am Meer. Wir fuhren an einem Holzschild vorbei, auf dem »Sahara« stand. Dort ging es zum einzigen baumlosen Areal, auf dem sich hauptsächlich Wohnwagen befanden, vor denen dicke, sonnenverbrannte Deutsche auf ihren kleinen Campingstühlen saßen und schwitzten.

Eigentlich träumte ich ja von nichts anderem, als dass wir einmal unser Zelt in der Sahara aufstellten, denn der Sinn eines Sommerurlaubs lag ja wohl darin, sich so oft wie möglich in der Sonne aufzuhalten und am ersten Schultag mit goldgebräunter Haut neidische Blicke auf sich zu ziehen. Aber meine Eltern wollten mit den Sahara-Urlaubern nichts zu tun haben – »Mallorca-Deutsche!« – und das mit den Wohnwagen verstanden sie auch nicht. Das schöne am Campingplatz sei doch schließlich die Natur, und da sitzen diese Menschen in einem Miniaturwohnzimmer mit allem Luxus, den sie sonst auch haben und starren Abend für Abend in den Fernseher. Wir folgten also wie immer dem Weg, der steil nach oben führte, zu terrassenförmigen Bereichen, die durch Natursteine voneinander abgetrennt waren.

Da, ein freies Plätzchen! Zwei Pinien standen in perfektem Hängemattenabstand zueinander und lieferten den dringend benötigten Schatten, außerdem waren die Nachbarn so weit entfernt, dass man beinahe von Privatsphäre sprechen konnte. Meine Mutter juchzte vor Freude, mein Vater parkte das Auto und wir packten das Zelt aus, ein kleines Drei-Mann-Iglu, in dem wir lagen wie die Sardinen, Papa links, Mama in der Mitte und ich rechts.

Ich klopfte die Heringe mit dem Hammer in den sandigen Boden und kam mir sehr nützlich vor, mein Vater befestigte die Hängematte an den Bäumen und fragte bei allem, was er tat, meine Mutter, ob es ihr so recht sei. Als das Zelt stand, räumten wir das Auto aus. Das war nicht viel Arbeit, denn wir besaßen weder einen Tisch noch Stühle, nur Isomatten und drei Messer, drei Gabeln und drei Löffel, sowie ein scharfes Messer, einen Teelöffel, drei Emaillebecher, einen Topf, eine Pfanne, eine Espressokanne und einen Gaskocher.

»Es braucht halt nicht viel zum Glücklichsein«, sagte meine Mutter und freute sich. Dann zog sie ihr Bikinioberteil aus und legte sich in den Halbschatten, wo sie sofort einschlief.

Durch die Äste sah ich das Meer glitzern und hörte gedämpfte Geräusche vom Strand herauf, Kinderlachen und Mittelmeerwellen, die sanft heranrollten und wieder verschwanden. Ich wollte ins Wasser, und zwar sofort! Leider war es erst ein Uhr mittags, und die unantastbare Regel lautete: Keine Sonne zwischen zwölf und drei. Hautkrebsgefahr und, Kind, Falten bekommst du obendrein und später heulst du dann, wenn du vor dem Spiegel stehst und aussiehst wie sechzig, dabei bist du erst vierzig. Was mit vierzig passieren würde, interessierte mich in diesem Moment aber überhaupt nicht. Ich konnte mir ja nicht einmal vorstellen, zwanzig zu sein.

Ich ging also nicht zum Strand, sondern mit meinem Vater in den kleinen Laden unten an der Straße, wo uns die Besitzer schon kannten. Wir kauften Obst, Gemüse und Olivenöl direkt aus dem Kanister. Dabei tat der Verkäufer, Monsieur Alfons, so, als würde er mich nicht mehr erkennen, da ich in dem einen Jahr »eine kleine Dame« geworden sei. Er sagte: »Prenez ce pain, c'est vraiment bien«, obwohl, eigentlich sagte er: »Prönee sö päng, sä wräma biäng«, und wir freuten uns über den südfranzösischen Dialekt, der sich anhörte, als würden Knallerbsen zerplatzen. Vielleicht mochten wir ihn auch deshalb so gerne, weil er klang wie der Dialekt bei uns zu Hause.

Mein Vater spendierte noch eine Orangina und wir machten uns vollbepackt auf den Weg zum Zelt. Als wir ankamen, hatte meine Mutter bereits Madame Gerard ausfindig gemacht, die nicht weit von uns wohnte und jedes Wochenende aus Marseille anreiste. Sie kannten sich aus den letzten Jahren und führten seit einiger Zeit eine Brieffreundschaft, was bedeutete, dass sie sich zweimal im Jahr über die wichtigsten Ereignisse ihres Lebens informierten (wer ist gestorben, wer wurde geboren, wer hat seinen Job verloren). Außerdem hatte meine Mutter offenbar auch mit dem kompletten restlichen Campingplatz Freundschaft geschlossen, während wir gerade mal eine Viertelstunde weg waren

Sie schaffte es einfach nicht, grußlos an Fremden vorbeizugehen, ein Problem, das uns oft in, sagen wir, Schwierigkeiten brachte. Schwierigkeiten der harmlosen Art zwar, aber dafür waren sie hartnäckig. Redselige Menschen stürzten sich auf meine Mutter wie Straßenhunde, die um einen Knochen betteln. Und dann hatte man sie am Hals. So wie das Frankfurter Würstchen, ein ebenfalls langjähriger Gast des Campingplatzes. Er war ein Junggeselle aus Hessen, der immer mit seinem Motorrad nach Frankreich fuhr und so gerne wie ausführlich von den Straßen schwärmte, die so viel besser seien als die in Deutschland. Damit das Würstchen sich nicht einsam fühlte, trank mein Vater von Zeit zu Zeit abends ein Glas Rotwein mit ihm und hörte sich seine Monologe an, während meine Mutter, die ihn angeschleppt hatte, schon im Zelt lag und schlief. Das nannte man dann wohl Arbeitsteilung. Natürlich war das Frankfurter Würstchen auch dieses Jahr angereist und winkte fröhlich, als wir zwei Stunden später endlich zum Strand spazierten. Ich verdrehte die Augen, worauf mir meine Mutter einmal kräftig in die Seite boxte.

»Sei nicht so unhöflich!«

»Ach, ist doch wurst.«

Meine Mutter drehte sich weg, damit ich nicht sah, wie sie grinste.

Und dann, endlich, waren wir am Strand! Es war perfekt. Jedenfalls die erste halbe Stunde. Dann wollte ich Softeis, Pommes und außerdem Fotos machen lassen von dem Typen, der im Fotoladen arbeitete und mit seiner Kamera um den Hals am Ufer entlanglief. Wenn man Glück hatte, wurden die Fotos sogar im Schaufenster ausgehängt, und man konnte für einen Tag lang ein Star sein! Meine Mutter holte unbeeindruckt den Fotoapparat sowie eine Packung Butterkekse aus der Tasche.

»Stell dich mal ans Wasser, ich mache ein Foto von dir. Und wenn du Hunger hast: hier.«

Sie verstand es einfach nicht. Es ging nicht um Hunger, es ging um Appetit. Und Butterkekse waren nun mal kein Softeis. »Außerdem kochen wir später lecker Ratatouille«, sagte sie noch und vertiefte sich wieder in ihr Buch.

Man muss wissen, dass meine Eltern sehr stolz auf ihre Kochkünste waren und sich durch die spartanischen Arbeitsbedingungen auf dem Campingplatz (ein Gaskocher, eine Pfanne, ein Kochtopf) erst recht angespornt fühlten. Da zauberten sie Abend für Abend Gerichte aus frischen Zutaten, handgepflückt, mit Kräutern der Provence garniert und mit Liebe beträufelt, und die verzogene Tochter wollte lieber essen gehen. In ein überteuertes Restaurant mit Meerblick, wo Stofftischtücher die billigen Plastiktische nur unzureichend verdeckten und der Geruch von altem Fett aus der Küche waberte. Dabei war es ja gar nicht so, als hätte ich das Essen meiner Eltern nicht gemocht, nein, aber ich hätte mich gerne in Schale geworfen, wäre unter Leute gegangen und hätte mich von dem französischen Kellner anflirten lassen, und zwar ohne dass meine Mutter, wenn die Rechnung kommt, durch die Zähne pfeift und ein bedeutungsschweres »Hui!« ausstößt. In anderen Familien (das wusste ich, weil ich schon mal dabei gewesen war), nahm der Vater diskret die Rechnung an sich und beglich sie, ohne zu murren.

Einmal in jedem Urlaub allerdings gönnten wir uns den Luxus einer Holzofenpizza vom Imbiss, der zum Campingplatz gehörte. Die nahmen wir natürlich mit ans Zelt, wo es einfach gemütlicher war. Außerdem gab es da noch einen Vorrat an Rotwein, den mein Vater bei dem Weinhändler seines Vertrauens besorgte und in leere Wasserflaschen abfüllen ließ. Sah doof aus, schmeckte aber, sagte er. Und es war günstig.

Doch in diesem Urlaub änderte sich etwas. Wir waren zu einem der vielen Märkte gefahren, die jeden Tag in einer anderen Stadt stattfanden und danach durch die Straßen gebummelt, bis die Sonne unterging. Auf dem Heimweg schließlich hatte uns ein Hunger gepackt, den keiner von uns ignorieren konnte. Es war spät, die Läden hatten zu und am Zelt erwartete uns nur Baguette vom Vortag und matschige Butter. Ich witterte meine Chance.

»Warum halten wir nicht kurz hier?«, sagte ich, als mein Vater sich in den Kreisverkehr am Ortseingang einfädelte, und zeigte auf das große goldene »M«, das hinter einer Zierhecke hervorblitzte. Meine Eltern zuckten zusammen. Das M des Grauens! Das war Hochverrat! Schließlich hatten sie mir jahrelang eingeschärft, dass Fast Food böse ist und McDonald's der Teufel. Dass sie niemals dort waren, tat nichts zur Sache (»Ich muss auch nicht aus einem Flugzeug springen, um beurteilen zu können, wie bescheuert das ist.«).

Ohne ihre Behauptung zu hinterfragen, hatte ich ihnen lange geglaubt und Gerüchte von Kindergeburtstagen, die bei McDonald's stattfanden und damit endeten, dass alle gemeinsam kotzten, hatten meine Abscheu noch verstärkt. Außerdem hatte ich, wie jeder normale Mensch, Angst vor dem hauseigenen Clown Ronald McDonald, der vor jeder Filiale überlebensgroß auf die Besucher wartete und dabei hämisch grinste. Also schlossen Nora und ich einen Pakt, dass wir NIE bei McDonald's essen würden (genauso wie wir NIE über Rot gehen wollten und NIE auch nur eine einzige Zigarette rauchen), und wenn in der Radiowerbung eine sich satt und glücklich anhörende Frauenstimme »McDonald's ist einfach gut!« sang, sangen wir einfach lauter und ersetzten das »gut« durch »schlecht«. Ätsch, so einfach war das in unserer kleinen, schönen Welt.

Doch in der letzten Zeit war ich schwach geworden und hatte mich von Freunden ein paar Mal in die goldene Hölle schleppen lassen. Denn wenn man dazugehören wollte, traf man sich nun mal nicht im Reformhaus. Ich aß allerdings ausschließlich Pommes und Chicken McNuggets mit süß-saurer Soße, denn die Burger machten mir Angst mit ihren überdimensionalen Zwiebelringen, der Gurke und der Mayonnaise.

Trotzdem – ich hatte gesündigt. Aber wenn McDonald's der Teufel war, dann würde ich gerne in die Hölle kommen. Hauptsache, es gab Pommes. Und zwar die besten Pommes der Welt: Goldgelb, knusprig und weich zugleich, mit nicht zu viel Salz.

Genau das erzählte ich dann auch meinen Eltern, während mein Vater zum dritten Mal den Kreisverkehr umrundete, um Zeit zu gewinnen. Schließlich willigten sie, schwach vor Hunger, ein. Wir fuhren auf den Parkplatz, auf dem südfranzösische Jugendliche cool herumhingen und rauchten, und betraten das Restaurant, wo ich meine Eltern, die sich gerade hinsetzen und auf den Kellner warten wollten, an den Tresen lotste. Wir bestellten dreimal Pommes (groß und mit viel Ketchup, denn anders als in Deutschland waren die Tütchen kostenlos, und das nutzten wir aus). Zum Mitnehmen. In diesem Urlaub machten wir noch fünfmal Stopp am Kreisverkehr. Und ich musste gar nichts mehr dafür tun, meine Mutter erledigte das.

9 Das Müslimädchen hat die Schnauze voll von Homöopathie und nimmt Drogen oder so ähnlich. Dann sinniert es über Zeichentrickfiguren, die in seinem Körper hausen.

Ich war bereits drei Jahre Mitglied in diesem Verein, der sich Familie nennt, als meine Eltern beschlossen, ohne mich in den Urlaub zu fahren. Sie verkauften mir das natürlich besser und sagten so was wie: »Kind, wir müssen anderen Menschen beibringen, wie man Musik macht. In Italien. Für den Strand ist keine Zeit. Du würdest dich nur langweilen.«

Ich glaubte ihnen kein Wort. Sie wollten mich loswerden! Wollten die Flitterwochen nachholen, bei denen ich auch schon gestört hatte, schmusen, Wein trinken und Erwachsenengespräche führen und ihrer einzigen Tochter den Urlaub vorenthalten. Aber so nicht! Ich würde mich wehren, ich wusste nur noch nicht, wie.

Eine Woche später reiste meine Patentante an, meine Eltern verabschiedeten sich mit vielen Küsschen, stiegen ins Auto und waren weg. Hinterhältiges Pack. Bis zum Abend hatte ich keine Zeit mehr, über einen Plan nachzudenken, denn meine Patentante verstand etwas von ihrem Job und lenkte mich mit allerlei Spielen, Geschenken und Geschichten ab. Aber im Bett kam die Erinnerung wieder. Und die Wut. Und gerade als noch etwas anderes dazukam, was sich wie Heimweh anfühlte, dabei war ich doch zu Hause, passierte es. Ich wurde krank. So krank, dass das Fieber Brandlöcher in die Bettdecke fräste und jeder Atemzug in meiner Brust rasselte wie eine mexikanische Mariachi-Band. Ich war quasi tot.

Der Arzt diagnostizierte dann doch nur eine Bronchitis, aber meine Mutter flog trotzdem sofort nach Deutschland zurück und bezahlte eine Menge Übergepäck, denn ihr schlechtes Gewissen darüber, dass sie ihr Kind alleine gelassen hatte, wog schwer. Gut so. Ich hatte gewonnen, und vor allem hatte ich diesen Menschen, die glaubten, über mich bestimmen zu können, ihre Grenzen aufgezeigt.

Bei diesem Gedanken ging es mir schlagartig besser. Die Mutterliebe, die Wadenwickel und die Hühnerbrühe taten ihr Übriges, und nach ein paar Tagen war ich gesund genug, um mit meiner Mutter nach Italien zu fliegen. Wenn man ganz genau hinschaut, kann man auf den Bildern im Fotoalbum übrigens mein maliziöses Lächeln erkennen.

Ich hatte jedenfalls meinen Urlaub, und ich bekam sogar noch mehr: eine chronische Krankheit. Quasi als Bonus. Als hätte ich einmal die Tür geöffnet und könnte sie jetzt nicht mehr schließen, weil sie klemmt, schaute die Krankheit im Zwei-Wochen-Rhythmus herein und setzte sich gemütlich auf meinen Brustkorb, bis er quietschte. Spastische Bronchitis. Die Symptome waren unangenehm genug, dass die Krankheit aber auch noch so einen beknackten Namen hatte, war zu viel. Auf dem Schulhof riefen sich die Kinder gegenseitig »Ey, du Spasti!« zu, und damit war nichts Nettes gemeint. Ach, was hätte ich gegeben für einen gebrochenen Arm oder einen Bänderriss, irgendwas zum Angeben, aber ich war eben nur der Spasti mit dem Inhaliergerät, der auf Klassenfahrten,

Skifreizeiten und den Konfirmandenausflug verzichten musste, weil er mal wieder krank war.

Meine Eltern litten am meisten. Jetzt hatte das Allergiekind auch noch eine chronische Krankheit, wo sollte das bloß hinführen? Dabei hatten sie doch immer alles richtig gemacht und mich in den Ferien extra auf den Bauernhof geschickt, damit ich mich mit den Schweinen im Schlamm suhle. Zur Abhärtung. Doch aufgeben kam nicht in Frage. Wie auch? Sie hatten ja noch ihren Glauben.

Ihr dazugehöriger Altar befand sich gut versteckt im Schlafzimmer. Genauer: im Schlafzimmerschrank. Reihenweise Flaschen aus dunklem Glas, gefüllt mit durchsichtigen Flüssigkeiten. Behälter mit weißen Kügelchen. Cremetuben. Tabletten. Pülverchen. Granulate. Beipackzettel, die lose in den Fächern lagen und wirkten, als hätte man sie bei einer heimlichen Flucht aus ihrem dunklen Gefängnis ertappt.

Meine Eltern glaubten an Homöopathie. Das Gute daran ist, dass es der Gesundheit nicht schadet. Das Schlechte, dass man eben auch nicht weiß, ob es tatsächlich hilft, wenn in einem Medikament der Wirkstoff nicht mehr nachgewiesen werden kann, weil er so stark verdünnt ist. Aber vor allem ist Homöopathie anstrengend. Denn es gibt Regeln, die eingehalten werden müssen. Viele Regeln.

In der Besteckschublade meiner Eltern liegt zum Beispiel ein kleiner pastellfarbener Plastiklöffel, der nur dazu da ist, homöopathische Lösungen einzunehmen, da ein Löffel aus Metall die »Erinnerungseigenschaften« der Flüssigkeit beeinflussen könne. Während der Behandlung darf man keine Zahnpasta mit Menthol verwenden, auch keine Heilkräuter oder ätherischen Öle.

Vermieden werden sollte Lärm. Unruhe. Stress. Kaffee ist verboten. Tee auch. Alkohol und Rauchen sowieso. Also alles, was Spaß macht. Außerdem soll man die Tropfen so lange wie möglich im Mund behalten, bevor man sie schluckt. Meine Mutter gurgelte ständig mit irgendwas, und immer wenn sie gerade den Mund voll hatte, erzählte ich ihr einen Witz und sammelte dafür Punkte. Für einen roten Kopf gab es fünf, für Aus-dem-Zimmergehen zehn und für Verschlucken inklusive Hustenanfall zwanzig.

Dann ist es so, dass bei einer einfachen Erkältung mindestens acht verschiedene homöopathische Mittelchen ausgewählt werden müssen, die eine ausgeklügelte Kombination und Einnahme erfordern. Dreimal am Tag eine Pille einschmeißen und fertig? Viel zu langweilig. Einmal pro Stunde! Mindestens. Im akuten Fall auch gerne alle zehn Minuten, denn nur steter Tropfen höhlt den Stein. Hat ja auch niemand gesagt, dass Gesundwerden ein Spaziergang ist.

Manchmal fand ich Kranksein aber auch gut. Wenn ein Vokabeltest anstand, zum Beispiel. Ich war gerade vierzehn und hasste die Schule, was sich in den nächsten Jahren auch nicht mehr ändern würde, und deshalb war ich nicht unglücklich darüber, dass ich mal wieder mit Bronchitis im Bett lag. Doch plötzlich fiel mir ein, dass heute Donnerstag war. Donnerstag! Da war mein Tanzkurs. Der schönste Termin der Woche.

»Wer zu krank für die Schule ist, kann auch nicht tanzen gehen«, sagte meine Mutter.

»Aber dann verpasse ich die neue Figur im Cha-Cha-Cha«, heulte ich.

»Dann holst du sie eben nächste Woche nach.«

»Ich hasse dich!«

»Keine Diskussion. Und nimm deine Medizin.«

Das war hart. Mein bester Freund Florian und ich machten gerade den Bronze-Tanzkurs, bei dem es zum ersten Mal eine Abschlussprüfung gab. Sie fand schon in wenigen Wochen statt und es würde extra eine Prüferin anreisen, von der wir gehört hatten, dass sie sehr streng sein sollte. So würden wir es doch nie schaffen bis zum Super-Goldstar!

Ich rief Florian an.

»Rate mal, wer heute nicht tanzen geht.«

»Nein!«

»Doch. Ich bin krank.«

»Ja, man hört es.«

Wir bemitleideten mich beide ein bisschen, dann sagte Florian: »Nimm doch eine Aspirin.«

»Eine was?«

»Na, eine Kopfschmerztablette.«

»So etwas gibt es bei uns nicht.«

»Oh. Ich glaube ich habe noch was hier, warte mal kurz … ah, da ist es ja. Das ist noch viel besser als Aspirin. Ich bin gleich bei dir.«

Eine halbe Stunde später warf Florian Steinchen an mein Fenster, damit meine Mutter nichts mitbekam. Ich öffnete die Tür und empfing ihn so würdevoll, wie es einem Teenager mit speckigen Haaren und in einem zweiteiligen Schlafanzug möglich ist. Leise gingen wir die Treppe hoch – Vorsicht, die vierte Stufe knarzt – und setzten uns aufs Bett. Florian holte die Packung aus seinem Rucksack.

»Was ist da drin?«

»Schmerzmittel, Koffein und Vitamin C.«

Das hörte sich gut an.

»Wie viele nimmt man davon?«

»Eine.«

Ich nahm drei. Und war eine halbe Stunde später wieder gesund. Ach, Grippostad! Retter einer kranken Seele und eines schwachen Körpers. Nur gute Menschen können solche Wunderdinge erfinden, so viel war klar. Dann schlichen wir uns raus und gingen tanzen.

Als ich wieder nach Hause kam, empfing mich meine Mutter mit offenen Armen. Um mir eine zu scheuern.

»Wo warst du?«

»Tanzen.«

»Und was bitte ist DAS HIER?« Sie hielt mir die leere Grippostad-Packung vors Gesicht. »So etwas nehmen wir in diesem Haus nicht!«

Die Arme. Da hatte sie jahrelang versucht, mir alternative Heilmethoden nahezubringen, und jetzt das: Schmerzmittel! Und Koffein! Nur weil die Tochter keine Lust hat, im Bett zu bleiben und sich auszukurieren, dabei gehört Leiden doch dazu, wenn man krank ist. Jedenfalls als gute Protestantin. Sie schickte mich zurück ins Bett und rief mir hinterher: »Außerdem unterdrückt das die Krankheit und sie bricht dann an anderen Stellen des Körpers wieder aus.«

Verrückt. Und doch: An den darauffolgenden Tagen stellte ich mich nackt vor den Spiegel und sah nach, ob sich bereits irgendwo Furunkel gebildet hatten. Hässliche Geschwüre, die unter der Haut am Oberarm langsam größer würden und schließlich aufbrächen und nässten. Beulen, die mich entstellten. Ausschlag, der mein Gesicht übersäte. Nichts davon passierte, doch ich wollte meinen Körper lieber nicht herausfordern.

Im Biounterricht schauten wir manchmal *Es war einmal … das Leben*, und seitdem stellte ich mir vor, dass kleine Zeichentrickfiguren in mir hausten und meinen Körper in Ordnung hielten. Ich mochte den Gedanken, dass sie in Raumschiffen herumflogen, gegen Eindringlinge kämpften und dabei auch noch Spaß hatten.

In der Folge über das Abwehrsystem des Körpers lernen die weißen Blutkörperchen in der Thymusschule ihre Feinde kennen: Bakterien, Viren, Schmutzteilchen, schädliche Stoffe und Gifte. Commander Pierre erklärt seinen Schülern, wie sie zusammen mit den Antikörpern und Fresszellen die Feinde vernichten müssen. Wenn ich meine Mutter richtig verstanden hatte, verlieh Homöopathie den weißen Blutkörperchen Superkräfte. Doch was passierte mit ihnen, wenn ich ein Wundermittel wie Grippostad einnahm? Vielleicht würden die Blutkörperchen fristlos entlassen, weil sie auf einmal überflüssig waren! Und man weiß ja, was nach Kündigungen passiert. Die Gewerkschaften gehen auf die Barrikaden, und irgendjemand muss zahlen. In diesem Fall wäre das dann wohl ich. Nein, dieses Risiko wollte ich nicht eingehen. Tschüss Grippostad, schön war's.

10 Eine Otto-Familie wird vorgestellt. Das Müslimädchen will Buffalos, bekommt aber keine und lässt sich ein Max-Mustermann-Piercing stechen.

Dreimal im Jahr hatte der Postbote in unserer Stadt mächtig zu tun. An Weihnachten natürlich, da musste er unzählige Pakete ausliefern, die liebevolle Omas, Opas, Tanten, Onkel und Pateneltern gepackt hatten, und in denen sich im besten Fall Puppenkleider befanden, im schlimmsten Fall (für den Postboten) eine Modelleisenbahn. Die anderen beiden Male waren, wenn der neue Otto-Katalog erschien. Einmal im Frühjahr und einmal im Herbst.

Ach, der Otto-Katalog! Er hatte die Ausmaße eines Telefonbuchs und ein riesiges Sortiment an Kleidung, Schuhen, Unterwäsche, Bademode, Sportartikeln, Haushaltswaren, Spielzeug, Elektrogeräten und sogar Möbeln. So ähnlich wie Karstadt, nur eben für zu Hause – ein papiernes Konsumparadies mit Suchtpotenzial. Und er brachte die ganze Familie zusammen. Oma, Opa, Vater, Mutter, Kind: Otto fanden alle gut.

Nur meine Eltern nicht. Sie weigerten sich, einem Unternehmen Geld in den Rachen zu werfen, das Arbeiter ausbeutet (Mittelamerika! China! Indonesien!), von denen manche sogar Kinder sind (Indien!), außerdem stünde die schlechte Qualität der Kleider in keinem Verhältnis zu den überteuerten Preisen. Und chemikalienverseucht sei das ganze Sortiment sowieso. Bla bla bla.

»Wir sind halt keine Otto-Normalverbraucher«, sagte meine Mutter jedes Mal am Ende ihres Vortrags. Aus unerfindlichen Gründen war sie darauf auch noch stolz.

Nora hingegen war glückliches Mitglied einer Otto-Familie. Wenn der Katalog da war, klingelte bei uns das Telefon und ich kurze Zeit später an ihrer Haustür Sturm. Wir verbaten uns jede Störung, setzten uns mit einer Tüte Chips aufs Sofa und blätterten stundenlang durch die nach billiger Druckerschwärze riechenden Seiten. Immer wenn uns etwas besonders gut gefiel, klebten wir Post-its auf die Seiten (gelb für Nora, rosa für mich) und stellten uns vor, dass all diese wunderbaren Kleider einmal uns gehören würden, spätestens, wenn wir erwachsen wären und Unmengen an Geld verdienten. Also ungefähr tausend Mark im Monat.

Fast genauso spannend wie die vielen Kleider waren die Seiten ganz hinten, zwischen Elektrogeräten und Haushaltswaren: die Rubrik »Erotik«. Dagegen war die *Bravo* ein Witz. Was es dort alles gab! Bilder von Frauen, die statt einer Unterhose eine Perlenkette trugen. Love-Rings. Spanische Liebestropfen. Nippel-Hütchen mit Fransenquasten. Dildos. Gleitmitt… Nippel-Hütchen mit Fransenquasten? Was zum Teufel?! Wir ahnten, dass wir auf diesem Gebiet noch viel lernen mussten, und wir ahnten auch, dass es besser war, sich nicht dabei erwischen zu lassen.

Nachdem wir noch Langweiligkeiten wie Bügeleisen und Wäschetrockner überflogen hatten – man konnte ja nie wissen, was einem sonst entging –, gab Nora ihre Bestellung auf. Natürlich telefonisch, wir hatten schließlich keine Zeit, auf schöne Dinge zu warten. Zack, anrufen, zack, Nummern aufsagen, zack, auf Wiedersehen. Wenn man Glück hatte, kam das Paket schon nach drei Tagen, wenn man Pech hatte erst nach einer Woche.

Aber irgendwann war es da. Und das Wohnzimmer wurde zum Catwalk. Wir verhängten die Fenster mit Tüchern, schraubten eine rote Glühbirne in die Fassung der Deckenlampe und ernannten Noras kleinen Bruder zur Jury. Dann starteten wir das Schaulaufen. Einmal in Noras unglaublich schnittigem Adidas-Badeanzug die zwei Meter zwischen Couch und Balkontür zurückzulegen war fast so gut, wie ihn zu besitzen. Und es war ja wohl klar, wer das nächste Bond-Girl werden würde, oder?

Leider musste Nora auf Befehl ihrer Mutter jedes Mal die Hälfte wieder zurückschicken, sodass ihr Kundenkonto irgendwann »bis auf Weiteres« gesperrt wurde. Also eigentlich nicht Noras, sondern das von ihren Eltern. Sie wurden dann eine Neckermann-Familie.

Der Otto-Katalog der Ökos hieß Hess Natur. Genau wie sie war er blasser und langweiliger, und die einzigen Anspielungen auf Sex waren Salatsäcke aus handgepflückter Baumwolle und mundgeblasene Christbaumkugeln. Heimlich nannte ich ihn Hass Natur.

Meine Mutter allerdings kam aus dem Schwärmen über die »super Basics« mit der »hervorragenden Qualität« gar nicht mehr heraus, und am Anfang fiel ich sogar darauf rein. »Basic«, das hörte sich an wie »Levi's«, und ich versprach mir davon ein Sweatshirt mit einem riesigen Schriftzug quer über der Brust und im Anschluss die Aufnahme in die angesagte Clique der Schule. Doch das »Basic« entpuppte sich nur als einfarbiges, formloses T-Shirt. Aus Bouretteseide, wie meine Mutter schnell hinzufügte, aber das machte es auch nicht besser. Wen interessierte schon hervorragende Qualität? Es waren die Neunziger! Da musste ein Kleidungsstück nur eine von drei Bedingungen erfüllen: 1. Neonfarben. 2. 100 Prozent Polyester. 3. Ein gut sichtbares Label.

Das Bouretteseide-Basic hatte nichts davon.

Das war nun wirklich nicht das erste Mal, dass ich etwas anderes unter Mode verstand als meine Eltern, aber vermutlich hatten sie das einfach verdrängt. Bereits im Kindergarten hatte ich nach Lackschuhen verlangt. Und pastellfarbenen Kleidchen mit Rüschen. Und weißen Strumpfhosen. Meine Mutter war erschüttert. Genau so musste sie früher rumlaufen. Gezwungenermaßen! Und ihre Tochter wollte diese Ausgeburt der Spießigkeit nun freiwillig tragen?

Dabei standen mir doch diese klassischen Matrosenkleider und die einfarbigen, schlichten Modelle so gut! Fand jedenfalls meine Mutter. Für mich hingegen war schlicht nur ein Synonym für langweilig, ich wollte was mit Gedöns. Zum Auffallen. Gut, dass es Oma Schwarzwald gab. Genau wie ich hielt sie klassisch und schlicht für vollkommen überbewertet und schenkte mir deshalb bei jeder Gelegenheit Kleider, die mehr nach unserem Geschmack waren. Ein Dirndl. Ein Samtkleid. EIN PASTELLFARBENES KLEID MIT RÜSCHEN! Ach, wie ich Oma liebte. Fast so sehr wie das Rüschenkleid, das ich von da an täglich trug. Monatelang.

Dann kam der Tag, an dem meine Kindergartengruppe einen Ausflug in die Grundschule machen sollte. Um mal vorher die Lage zu sondieren, schließlich würden wir dort bald unseren Dienst antreten. Meine Mutter überlegte, mit welchem Outfit ihre Tochter am besten den Eindruck einer hochmotivierten angehenden Erstklässlerin erwecken konnte. Sie entschied sich für ein schlichtes Ensemble aus blau-weiß-gestreiftem Pulli und einer blauen Hose in Karottenform.

Ich entschied mich für das Rüschenkleid. Und obwohl es mir mittlerweile viel zu klein war, ging ich schließlich als Presswurst zur Schulbesichtigung. In einem Haushalt, in dem ausschließlich Fleisch von glücklichen Tieren auf den Tisch kommt, legt man eben auch Wert auf glückliche Würste.

Was die Lackschuhe und die weiße Strumpfhose anging, so nutzte meine Mutter ihren Altersvorsprung von 23 Jahren schamlos aus. Sie erpresste mich. Wenn mich das Kind unbedingt quälen will, mag sie gedacht haben, dann will ich wenigstens was davon haben. So kam es, dass sie mir die Schuhe und die Strumpfhose zwar kaufte, aber anziehen durfte ich sie nur am Sonntag. Wenn wir in die Kirche gingen. Strafe muss sein.

Mittlerweile war ich aber vierzehn, und die neue weiße Strumpfhose waren Buffalos. Diese erstaunliche Kreuzung aus Turnschuhen und Plateausohlen in schwarz, weiß oder kamelfarben ließ jedes noch so plumpe Bein aussehen, als gehöre es einem Supermodel. Am geilsten war die Lackversion, in der sich sogar mal Emma Bunton von den Spice Girls den Knöchel verstaucht hatte.

Die coolen Mädchen eierten auf ihren Buffalos von der Sporthalle zur Raucherecke und wieder zurück, was bei den gleichaltrigen Jungs Bewunderung aber auch Angst hervorrief, da die Mädchen sie nun nicht mehr nur intellektuell, sondern auch körperlich überragten. Das wollte ich auch!

Also stellte ich zu Hause beim Mittagessen einen

formlosen mündlichen Antrag auf die sofortige Anschaffung der, wie wir sie nannten, In-Treter.

»Abgesehen davon, dass das die hässlichsten Schuhe sind, die ich je gesehen habe«, sagte meine Mutter, »sind sie viel zu teuer.«

Und mein Vater, der Finanzexperte der Familie, fügte hinzu: »Du könntest aber dein Taschengeld sparen und dir selbst welche kaufen. So in einem Jahr.«

Sie kauten und grinsten. Vollkornärsche. Ein Jahr! Das sind, in Teenagerzeit gerechnet, mindestens fünf. Wer wusste schon, ob ich überhaupt jemals so alt werden würde? Ich spielte meine letzte Karte aus und sagte:

»Sogar Anna Breuer hat jetzt Buffalos!«

Anna, meine liebe Freundin Anna, deren Eltern Akademiker und mit meinen befreundet waren. Wenn selbst Anna Buffalos hatte, musste das für mich doch auch möglich sein. Meine Eltern kauten unbeeindruckt weiter.

»Wir sind aber nicht Familie Breuer«, sagte meine Mutter.

Da war es. Das Totschlagargument schlechthin. Ich hatte es schon oft gehört, und das sollte sich in den nächsten Jahren auch nicht ändern. Meine Eltern sprachen es immer dann aus, wenn sie mit richtigen Argumenten nicht weiterkamen. Übersetzt hieß das nämlich: »Wenn Anna mal wieder bessere Noten schreibt als du, führen wir die Familie Breuer zwar gerne als Positivbeispiel an, aber in allen anderen Fällen verweisen wir einfach auf unsere unterschiedlichen Nachnamen.«

Die Füchse! Sie hatten ja recht. Wir hießen nicht Breuer, also waren wir auch nicht Familie Breuer, so weit konnte ich folgen. Warum das allerdings bedeutete, dass wir nicht die gleichen Dinge machen durften wie Familie Breuer, erschloss sich mir nicht, schließlich fuhren sie zum Beispiel auch einen Opel. Das Thema war jedenfalls erledigt. Und ich blieb klein, gesundheitsbeschuht und würde nie erfahren, wie die Luft da oben war.

Dabei wollte ich doch nur *einmal* annähernd so cool sein wie meine Schulkameradinnen, die sich mit spätestens vierzehn Jahren ein Bauchnabelpiercing stechen ließen. Ich hingegen hatte nicht einmal Ohrlöcher. Meine Eltern waren erstens der Meinung, dass es unmenschlich sei, kleinen Kindern grundlos wehzutun. Zweitens fanden sie, dass Ohrringe an zweijährigen Mädchen albern aussehen. Und drittens hatten sie mal gelesen, dass am Ohr wichtige Akupunkturpunkte sitzen, die auf keinen Fall zerstört werden sollten. Nun war ich zwar alt genug, selbst darüber zu entscheiden, aber ich traute mich nicht. Andererseits hatte es bisher noch jede meiner Freundinnen überlebt.

Ich beschloss also, mich der gefürchteten Situation zu stellen. Und versuchte mich damit zu beruhigen, dass mich die vielen tollen Ohrringe, die ich dann endlich tragen könnte, allemal für die Schmerzen entschädigen würden. Als moralische Unterstützung begleitete mich Nora. Sie hatte mit zehn Ohrlöcher bekommen und behauptete, es würde nur kurz pieksen. Hmpf.

Der Termin fand im Brillenladen statt. Merkwürdig, da Brillen und Ohrringe auf den ersten Blick nichts miteinander zu tun haben. Genau wie Schuhe und Schlüssel, auch so ein unerklärliches Geschäftskonzept. Später wurde mir dann klar, dass der Inhaber nur deshalb Ohrlöcher stach, weil er eben auch Ohrringe verkaufte. Der Optiker bat mich, auf einem Hocker Platz zu nehmen, malte einen Punkt auf jedes Ohrläppchen und zückte etwas, das aussah wie eine Pistole. Hilfe! Noch bevor ich den Mund öffnen konnte, um dem netten Herrn mit dem Folterinstrument mitzuteilen, dass ich meine Meinung geändert hatte, war alles vorbei.

»Und, hat's sehr wehgetan?«, fragte Nora.

»Ehm, nein.«

Auf dem Heimweg spürte ich dennoch, wie meine Ohren glühten. Wegen der Medizinstecker – und weil ich mich schämte. Darum hatte ich jahrelang so einen Wirbel gemacht? Da tat ja Augenbrauen zupfen mehr weh. Zu Hause präsentierte ich stolz meine neue Errungenschaft.

»Super, dann kannst du dich ja jetzt ins Regal zu den Steifftieren setzen«, sagte meine Mutter.

»Warum sollte ich?«

»Na, wegen dem Knopf im Ohr.«

Sie fand es immer noch albern. Aber das war mir total egal.

Am nächsten Tag machte ich mir einen Pferdeschwanz und ging mit hoch erhobenem Kopf in die Schule. Komisch, dass die Menschen auf der Straße so taten, als wäre alles wie immer. Schließlich hatte sich etwas Elementares geändert. Ich hatte Ohrlöcher, endlich! Zwar hatten meine Ohrläppchen über Nacht eine unansehnliche Form und Farbe angenommen, aber der Brillenverkäufer hatte mir versichert, dass das schnell vorbeigehen würde. Außerdem konnte ich so in der Schule noch besser ausschmücken, wie heldenhaft ich diese Höllenprozedur überstanden hatte. Ja, sie hatte lange gedauert, danke der Nachfrage. Ja, es gab Komplikationen. Und ja, am Ende ist doch noch alles gut gegangen. Ein Glück.

Fünf Stunden lang genoss ich es, mich einmal im Mittelpunkt zu fühlen. Dann hatten wir Sport. Als ich in die Umkleide kam, stand dort eine Traube von Mädchen, die sich mit »Ah!« – und »Oh!«-Rufen um eine Mitschülerin scharte. Ich drängelte mich nach vorne – Achtung, meine Ohrläppchen! – und sah: Brüste. Es waren die von Ellen und die perfektesten, die ich je gesehen hatte. Respekt. (Na gut, Neid.) Ich ging näher heran, denn irgendeinen Grund musste es ja geben, dass Ellen, die einmal sitzengeblieben und schon sechzehn war, ihre Brüste zur Schau stellte. Da sah ich es. Ein Piercing. In der rechten Brustwarze.

»Endkrass, das Nippelpiercing von der Ellen, oder?«, sagte Anna.

»Mega«, sagte Sofie, «wenn ich achtzehn bin, lass ich das auch machen.«

Ich dachte an die Pistole aus dem Brillenladen, und dann wurde mir ein bisschen schlecht. Auch, weil mir mein eigenes Piercing wieder einfiel. Ein Max-Mustermann-Piercing, feige und unentschlossen.

Immerhin passte es gut zu meinen Haaren. Es war nämlich nicht nur so, dass ich in komischen Hippiekleidern rumlaufen musste, anscheinend hatten meine Eltern vor meiner Geburt auch noch Ökohaare für mich bestellt. Damit das Bild schön rund war. Ich hatte straßenköterblonde Locken, und mit diesem Material ließ sich so gut wie nichts anfangen: kein Pony, kein asymmetrischer Bob, keine bunten Strähnchen. Die Locken waren einfach da und wuchsen im Kreis. Dabei war die Frisur der Stunde ein Kurzhaarschnitt mit ausrasiertem Nacken (vorne lang, hinten kurz) in der Trendfarbe Aubergine, bei der eine Strähne quer über die Stirn gelegt und mit einer Blumenklammer fixiert wurde. Ich hätte fast alles für diese Frisur gegeben – aber meine Würde dann doch nicht. Also konzentrierte ich mich auf die Farbe.

Zuerst versuchte ich es mit Henna aus dem Reformhaus. Aber vermutlich hatte ich irgendetwas falsch gemacht, denn nach dem ganzen umständlichen Aufkochen, Zusammenrühren, Auftragen, Einwirken lassen, Ausspülen und Trocknen waren meine Haare zwar irgendwie glänzender, aber die Farbe war immer noch die gleiche. Das war mir dann doch zu natürlich. Es musste also was Härteres her, und dafür ging ich mit Nora in den Drogeriemarkt.

Das Regal mit den Haarprodukten war gigantisch. Es gab Blondierungen, Färbungen, Tönungen, Schaumtönungen, Zurück-zur-Naturhaarfarbe-Elixiere, Aufhell-Spray und Anti-Gelbstich-Shampoos. Alles mit Ammoniak und Wasserstoffperoxid oder ohne und einen Tag, eine Woche oder ein ganzes Leben haltbar. Schließlich entschieden wir uns für eine wiederauswaschbare Tönung in der Farbe Karotte. Die kannten wir schon von fünf anderen Freundinnen, da waren wir auf der sicheren Seite.

Zu Hause blockierten wir das Bad und nahmen das Projekt Haarefärben in Angriff. Wie das stank! Und, aua, wie das brannte! Beim Auswaschen der Haare färbte sich die Badewanne rot und die weißen Handtücher auch, aber die versteckten wir einfach ganz unten im Wäschekorb. Was sich ebenfalls rot gefärbt hatte, waren unsere Hälse und Ohren. Na ja, Anfängerfehler. Dann föhnten wir uns. Sobald die ersten Strähnen trocken waren, zeigte sich, dass wir eine entscheidende Sache nicht bedacht hatten: dass orange nicht unbedingt jedem steht. Mir zum Beispiel. Außerdem, aber das merkten wir erst einige

Wochen später, ließ sich die Farbe nicht wie auf der Packung beschrieben nach sieben Haarwäschen auswaschen. Sie wurde zwar blasser, aber ganz weg ging sie nicht.

Ich sah also aus wie Pumuckl, der zu oft in den Regen gekommen war, und das passend zu einem großen Ereignis: der Schuldisco. Hier trafen sich alle Schülerinnen und Schüler der Klassen fünf bis elf, und jeder, der etwas auf sich hielt, ließ sich blicken. Die Disco begann um sieben Uhr und ging bis zehn, worüber ich froh war, denn länger durfte ich sowieso nicht weggehen. Im Vorfeld versuchte ich meine Mutter davon zu überzeugen, dass ich dringend eine Levi's-Jeans brauchte. Ich schmeichelte, flehte und schrie, denn schließlich hing mein Leben davon ab. Jedenfalls mein soziales.

»HUNDERTZWANZIG Mark für eine Jeans?«

Meine Mutter schnaubte durch die Nasenlöcher, ich heulte. Nach einer Weile sagte sie:

»Ich kann dir aber ein Levi's-Etikett auf deine Hose nähen, das fällt doch niemandem auf.«

Noch schlimmer als kein Markenlogo war ein von einer alten Levi's abgetrenntes Logo auf einer Jeans, die weder rote Nähte noch den richtigen Schnitt besaß. Eine Todsünde. Aber was wusste schon meine Mutter – eine Person, die sich einen Eastpak-Rucksack kauft und dann als Erstes das Schildchen abtrennt.

»Wenn mal irgendjemand auf die Idee kommt, sich ein Loch in die Hose zu schneiden und den Arsch blau anzumalen, laufen am nächsten Tag garantiert alle so rum«, sagte meine Mutter gerne. »Das heißt noch lange nicht, dass es deshalb cool ist.«

Gott, wenn es so einfach gewesen wäre, hätte ich mir

den Hintern in Regenbogenfarben bepinselt. Aber modisch sein hieß, einem sich quasi stündlich ändernden Mainstream hinterherzurennen, den komplexen Zeichenzoo von Marken zu durchschauen, die underground, hip, nicht mehr hip, wieder hip, wieder nicht mehr hip oder zeitlos waren. Was man am Tag der Schuldisco hervorragend betrachten konnte.

Die Jungs sahen entweder aus, als seien sie gerade auf dem Weg zur Loveparade oder ins Hip-Hop-Tonstudio. Die Mädchen trugen – na, was wohl – Levi's-Jeans und dazu ein weißes Top mit Spaghettiträgern. Oder Miniröcke aus einem Material, das die Bezeichnung Stoff nicht verdiente und bei der kleinsten Berührung sämtliche Körperhaare elektrisch auflud. Mindestens drei der Röcke und einige weitere Kleider in der Disco waren mit weißen Margeriten auf babyblauem Grund bedruckt. Ich trug eine Jeans (No Name) und ein weißes T-Shirt (Hess Natur).

Da es keinen Alkohol gab, dauerte es ein wenig, bis die Party in Schwung kam. Also, eigentlich dauerte es nur eine halbe Stunde, aber die kam uns irre lang vor. Dann rannten alle gleichzeitig auf die Tanzfläche. Wie ein Boom boom boom boom Boomerang, komm ich immer wieder bei dir an. Ekstatisch hüpften unsere Körper zu Euro-Dance-Beats auf und ab, was im flackernden Schwarzlicht doppelt so schnell aussah. Faster! Harder! Scooter!

Apropos Schwarzlicht. Es gab natürlich einen Grund für die vielen weißen T-Shirts. Man wollte ja nicht untergehen in der Masse, denn wo sonst gab es die Möglichkeit, einen Vertreter des anderen Geschlechts mit roboterartigen Tanzbewegungen auf sich aufmerksam zu machen? Nur die Weißen überlebten im Schwarzlicht. Die weißen T-Shirts, die weißen Zähne, die weißen BH's unter schwarzen Oberteilen (Oh!).

Wie gut, dass ich vorgesorgt hatte und ein weißes T-Shirt trug. So konnte Jakob, der mit einer Cola am Rand stand, meine ausgetüftelte Choreographie bewundern. Hoffte ich jedenfalls. Da erklangen auf einmal die ersten Takte von *Wish you were here*. Oh Gott, Stehblues. Um mich herum formten sich Paare. Die Mädchen, die schon im Besitz eines festen Freundes waren, legten ihre Arme um ihn und schauten einmal in die Runde, ob auch ja alle guckten. Der Rest stand verschämt auf der Tanzfläche und wartete, ob sich irgendetwas ergab.

Aus den Augenwinkeln sah ich, wie Jakob seine Cola abstellte und in meine Richtung kam. Kurz bevor er mich erreicht hatte, machte er eine Drehung nach links und forderte Ellen zum Tanzen auf. Sie nahm an. Blöde Kuh. Und blöder Jakob!

Ich bahnte mir meinen Weg durch die schmusenden Paare an den Rand der Tanzfläche und rutschte an der Wand entlang auf den Boden. Es hätte alles so schön sein können! Warum nur hatte er mich nicht beachtet? Ein paar Minuten hatte ich schwerste Depressionen, dann stolperte jemand über meine Füße. Anna! Meine Freundin Anna!

»Hallo, ich bin hier unten!«

Ich winkte vor ihrer Nase. Anna setzte sich neben mich und sagte:

»Huch, ich hatte dich gar nicht gesehen.«

»Genau wie Jakob.«

»Oh je. So schlimm?«

Ich nickte.

»Ich bin ihm gar nicht aufgefallen.«

»Vergiss ihn. Er ist eh ein Depp.«

Anna zupfte an meinem T-Shirt.

»Wolltest du nicht was Weißes anziehen?«

»Das T-Shirt IST weiß!«

»Du leuchtest aber gar nicht. Deshalb bin ich ja auch vorhin über dich drübergefallen.«

Ach so? Das war allerdings merkwürdig. Aber als ich an mir herunterschaute, sah ich, dass sie recht hatte. Ich war ein Nichts! Unsichtbar! Mir fiel ein Stein vom Herzen.

»Jakob hat mich vorhin gar nicht gesehen! Sonst hätte er mich hundertprozentig aufgefordert!«

»Stimmt«, sagte Anna. »Siehst du, alles ist gut.«

Oh ja, alles war gut. Ich hatte eine zweite Chance. Nächstes Mal würde er mich nicht übersehen.

Als ich nach Hause hüpfte, machte ich mir so meine Gedanken. Darüber, wie Jakob und ich in einer Kutsche Richtung Sonnenuntergang fahren würden ... und darüber, warum dieses T-Shirt eigentlich nicht geleuchtet hatte. Ich hatte da so eine Ahnung.

»Mama!«

Zu Hause rannte ich die Treppe rauf, wo meine Mutter im Bad stand und Zähne putzte.

»Hallo, Schatz. Na, war es schön?«

»MEIN T-SHIRT LEUCHTET NICHT!«

»Oh.« Sie war irritiert. Was T-Shirts mittlerweile alles leisten mussten.

»Im Schwarzlicht, Mama!«

»Das tut mir leid.«

»Wetten, dass diese doofe Bouretteseide schuld ist?«

War sie nicht. Wie sich nach ausführlicher Recherche (mein Vater kam ins Bad) herausstellte, lag es an den

Waschnüssen, die meine Mutter statt herkömmlichem Waschmittel verwendete. Ich verbot ihr, jemals wieder welche zu benutzen, und sie sah ein, dass ein leuchtendes T-Shirt unbedingt zum Kleiderrepertoire eines Teenagers gehört.

Als ich später auf meinem kratzigen Kopfkissen lag, erwog ich kurz, noch einmal aufzustehen und meine Mutter zu überreden, endlich mal Weichspüler zu kaufen, so wie alle anderen normalen Menschen auch. Aber dann fiel mir ein, was Nora einmal über unsere Handtücher gesagt hatte. Nach dem Abtrocknen habe sie sich gefühlt wie nach einer Massage, so gut durchblutet und frisch. Nicht wie bei ihnen, da sei immer alles kuschelweich. Vielleicht war die Idee mit den Erholungsurlauben bei uns zu Hause doch nicht so schlecht, dachte ich noch, während mir die Augen zufielen. Spartanisches Frühstück, harte Handtücher – eine einzigartige Kombination aus Wellness- und Abenteuerurlaub.

11 Ein Mann wünschelrutet und kommt zu Geld, das Müslimädchen jedoch nicht zu einem neuen Haarschnitt. Der Mond hat nämlich andere Pläne.

Neulich war ich im Bio-Eisladen um die Ecke. Es standen sehr viele Kinder davor, weil in diesem Bezirk sehr viele Kinder wohnen, und allesamt hatten sie ihre Eltern mitgebracht. Irgendjemand musste das Geld ja tragen. Die Kinder, die ihr Eis schon bekommen hatten, drängelten sich nach draußen und tropften dabei alles voll. Doch obwohl immer mehr von ihnen herauskamen, wurde die Schlange nicht kürzer und ich so langsam ungeduldig. Die Kinder draußen schmierten sich mit Eis ein. Das wollte ich auch, verdammt.

Als ich gerade überlegte, ob ich dem kleinen Mädchen mit dem Pferdeschwanz, das gedankenverloren an seiner Waffel lutschte, sein Eis aus der Hand reißen und wegrennen sollte, war ich endlich an der Reihe.

»Hallo«, sagte der Mann mit der Schürze hinter der Theke.

»Hallo. Zwei Kugeln in der Waffel, Schoko und Zitrone bitte.«

Der Eismann war ganz verstört. Offenbar waren das zu viele Anweisungen auf einmal, dabei hatte ich extra jahrelang geübt, wie man effizient Eis bestellt. Der Trick ist, zuallererst die Anzahl der Kugeln zu nennen, sodass der Eismensch gleich zur richtigen Waffelgröße greifen kann, während man schon aufzählt, welche Sorten man gerne hätte und die abgezählten Münzen auf das dafür vorgesehene Tellerchen legt. Clever, oder? Aber hier funktionierte das nicht.

»Wir haben keine Schokolade«, sagte der Eismann.

»Was?!«

Mir fielen beinahe die Münzen aus der Hand. Ein Eisladen ohne Schokoeis. Ist das überhaupt erlaubt?

»Aber wir haben Chili-Schoko. Kosten Sie mal.«

Der Eismann hielt mir einen kleinen Holzspatel hin. Ich probierte.

Nein.

Nein, das wollte ich nicht.

Ich wollte einfach nur ganz normales Schokoladeneis. Ohne Chili und ohne Doppelnamen.

»Dann eben Himbeer und Zitrone.«

»Gern«, sagte der Eismann und wusch den Eisportionierer ab.

»Welche Sorte soll denn zuerst in die Waffel?«

Jetzt reichte es aber.

»EGAL.«

Während der Eismensch sehr sorgfältig die Schritte verrichtete, die offenbar nötig waren, bevor ich mein Eis bekam, ließ ich meinen Blick durch den Raum schweifen. Er wollte nämlich plaudern, und wenn ich eins nicht mag, dann Small-Talk beim Einkaufen. Also wich ich seinen Augen aus, die versuchten, mich festzuhalten, anstatt sich auf ihre Arbeit zu konzentrieren. Da entdeckte ich eine mit Wasser gefüllte Karaffe auf der Theke. Das gibt es ja mittlerweile in jeder Boutique oder Buchhandlung, und vermutlich ist es nur noch eine Frage der Zeit, bis auch an Bushaltestellen und in U-Bahnen ein Wasserspender installiert wird.

In der Karaffe befand sich aber nicht nur Wasser, sondern noch etwas anderes. Ich ging einen Schritt näher heran und sah: Kristalle. Rosafarbene Kristalle, die auf dem Boden der Karaffe lagen und vor sich hin glitzerten. Auf dem Zettel daneben las ich, dass es sich hierbei um energetisiertes Wasser handele und dass die Edelsteine durch ihre Schwingungen das Wasser mit wertvollen Mineralien und Spurenelementen anreichern würden, die es nach dem langen Weg durch Metallleitungen und Pumpstationen verloren habe, bevor es aus unserem Wasserhahn kommt. Aha.

»Ist das Wasser, mit dem das Eis gemacht wurde, auch energetisiert?«, fragte ich den Eismann, als er mir endlich meine Waffel hinhielt.

»Ehm. Nein.«

Ha!

Auf dem Heimweg aß ich mein Eis und dachte darüber nach, wie schmal doch der Grat zwischen einer gesundheitsbewussten, ökologischen Lebensweise und esoterischem Schnickschnack ist. Meine Eltern hatten Mineralwasser immer nur in Glasflaschen gekauft und kistenweise nach Hause geschleppt, weil sich aus Plastikflaschen angeblich schädliche Stoffe lösen können. Weichmacher. Und Hormone.

Kristalle im Wasser gab es bei uns trotzdem nicht. Nur welche am Fenster, damit das Chi fließt. Ebenfalls aus energetischen Gründen gab es im Schlafzimmer keinen Spiegel, der Klodeckel musste immer geschlossen sein (na ja, außer beim Toilettengang) und der Schreibtisch stand so, dass man die Tür im Blick hat.

Als ich zwölf Jahre alt war und wir gerade umgezogen waren, kam ich von der Schule nach Hause und fand einen fremden Mann vor, der unseren Flur abschritt. Er hielt ein merkwürdiges Gerät aus Draht in der Form eines Ypsilons in den Händen, das mit einer kleinen Apparatur verbunden war, die aussah wie ein Taschenrechner und an seinem Gürtel hing. Nach ein paar Metern fing die Apparatur an zu piepsen und das Ypsilon schlug aus.

»Was macht der Mann da?«, fragte ich meine Mutter, die mit verschränkten Armen in der Tür stand und ihm zusah.

»Er sucht nach Wasseradern und elektromagnetischen Feldern.«

Ich machte den Mund auf, zu und wieder auf.

»Warum?«

»Weil die ungesund sind. Wir haben uns doch immer gewundert, warum du quer im Bett liegst, wenn du morgens aufwachst.«

»Ja, einmal bin ich sogar rausgefallen.«

»Genau. Und jetzt wissen wir auch, warum. In der Wand neben deinem Bett ist nämlich eine unisolierte Starkstromleitung.«

Wow. Unisolierte Starkstromleitung, das klang ganz schön gefährlich. Logisch, dass ich da sogar im Schlaf versuchte, auszuweichen.

»Und was ist das für ein Gerät?«, fragte ich.

»Eine Wünschelrute.«

Eine Wünschelrute? Irre. Ich hatte immer gedacht, so etwas hätten nur Feen. Der Mann sah aber gar nicht aus wie eine Fee.

Der Zahl nach zu urteilen, wie oft die Wünschelrute an diesem Nachmittag ausschlug, müssen unter unserem Haus mindestens Niagara-Wasseradern gewesen sein. Als der Mann fertig war, schaute er ein bisschen traurig und kratzte sich am Kopf.

»Überall schlechte Energie«, sagte er zu meiner Mutter.

Was man da machen könne? Nun, entweder müsse man alle Möbel umstellen, »oder aber«, und er zog einen Katalog hervor und blätterte darin, »Sie entscheiden sich für Kupferringe. Das Material schirmt die negative Strahlung von Wasseradern ab.«

Meine Mutter bestellte sehr viele Kupferringe. Einer davon kam unter mein Bett, die anderen wurden in der Wohnung verteilt oder aus optischen Gründen eine Etage tiefer im Keller platziert.

»Wirkt auch«, sagte der Wünschelrutenmann und zählte sein Geld. Er war übrigens Ingenieur bei Daimler und wünschelrutete nur nebenher, das fand ich aber erst sehr viel später heraus.

Ein paar Wochen darauf war Anna zu Besuch. Wir hingen in meinem Zimmer rum, so wie Teenager es eben tun, was auch bedeutete, dass wir auf dem Boden saßen, obwohl es genügend Stühle gab. Anna erzählte von Timo, der sie seit einiger Zeit endlich beachtete (was bedeutete, dass er ihr gestern die Faust in die Schulter gerammt hatte und deshalb »offiziell interessiert ist«). Da entdeckte sie den Ring.

»Was hast du denn da unterm Bett?«, fragte sie und zog das Kupferding hervor. Ich weiß nicht genau, warum ich ihr nicht die Wahrheit sagte, aber ich hatte so ein Gefühl, dass ihre Eltern nicht an Wasseradern glaubten.

»Ähm. Einen Hula-Hoop-Reifen natürlich«, sagte ich, brachte das Ding in Position und ließ die Hüften kreisen.

»Cool«, sagte Anna und nickte. Der Reifen fiel klirrend auf den Boden.

»Wirst schon sehen«, sagte ich, »ist der neueste Schrei. Haben bald alle.«

Zum Glück kam Anna am Dienstag darauf mit Timo zusammen und Hula-Hoop war das Letzte, woran sie in den drei Wochen dachte, bevor Jan sie für die blonde Maike aus der 8c verließ.

Ich erinnerte mich außerdem an einen Sonntag im Herbst, als Oma Schwarzwald Geburtstag hatte. Es gab Kaffee und Kuchen für die Erwachsenen und für mich Mini-Sahnewindbeutel, die mein Opa aus der Tiefkühltruhe im Keller holte und die ich besonders mochte, wenn sie nur halbaufgetaut waren, weil man dann die gefrorene Sahne lutschen konnte, als wäre sie Eis.

Zu einem Besuch bei Oma und Opa gehörte auch immer ein Spaziergang durch den Garten, der riesig und Omas ganzer Stolz war, und der mir am besten gefiel, wenn an Ostern kleine Geschenke zwischen den Büschen versteckt waren. In ihrem Garten gab es alles: Blumen, Kräuter, Gemüse und Obstbäume und am hinteren Ende, neben dem Komposthaufen, sogar ein Gewächshaus, denn im Schwarzwald können die Nächte sehr kalt werden.

Während wir durch den Garten liefen, ein paar Frühäpfel aufsammelten, Tomaten vom Strauch aßen und die riesigen Sonnenblumen bewunderten, erzählte meine Mutter davon, dass ihr Garten nicht das machte, was sie wollte. Hatte Oma vielleicht noch Tipps für sie? Oma lachte.

»Kommt mal mit, ich zeig euch was.«

Wir folgten ihr den gewundenen Weg zwischen den Sträuchern hindurch, bis wir vor einem Beet standen, das mit einer Schnur in zwei Teile getrennt war. Darin reihten sich Salatköpfe aneinander, von denen einer schöner war als der andere. Zumindest die in der linken Hälfte. Sie waren knallgrün und so groß, dass man mit jedem von ihnen ein komplettes Buffet hätte bestücken können und sahen aus, als hätte sie jemand mit Nagellack angemalt und danach mit Photoshop bearbeitet.

»Das ist mein kleines Experiment«, sagte Oma und zeigte auf das Beet.

»Seht ihr den Unterschied?«

Allerdings.

»Den Salat in der linken Hälfte habe ich drei Wochen später gesät.«

»Aber der ist ja viel größer!«, sagte meine Mutter. »Hast du einen Spezialdünger benutzt?«

Oma schüttelte den Kopf.

»Nur Brennnesseljauche, allerdings für das komplette Beet.«

»Und was ist der Unterschied?«

»Die erste Saat habe ich an einem Wurzeltag ausgesät. Die zweite an einem Blatttag.«

Wurzeltag? Blatttag? Wir warteten auf eine Erklärung. Und Oma erklärte. Schon vor Längerem hatte sie etwas darüber gelesen, wie der Mond das Pflanzenwachstum beeinflusst. Oma glaubte nicht an Esoterik, aber sie glaubte an das, was sie sah. Und weil sie ein neugieriger Mensch war, hatte sie sich gedacht, dass ein Versuch nicht schaden könnte – auch wenn es vermutlich nicht funktionierte. Um das Experiment so wissenschaftlich wie möglich anzugehen, hatte sie das Beet unterteilt und einen Teil der Salatsamen an einem Wurzeltag ausgesät. Wurzeltage sind diejenigen, an denen der Mond die Erdzeichen Stier, Jungfrau und Steinbock durchwandert, und wie der Name schon sagt, besonders günstig, um Wurzelgemüse zu pflanzen, also Karotten, Sellerie, Kartoffeln oder Rote Beete. Die restlichen Samen hatte sie an einem Blatttag unter die Erde gebracht, als der Mond durch die Wasserzeichen Krebs, Skorpion und Fische wanderte, und an denen Salat und Kohlgemüse besonders gut gedeihen sollen. Und es funktionierte. So gut, dass sie sich seither, was den Garten betraf, konsequent an die empfohlenen Saatzeiten aus dem Mondkalender hielt, die außerdem auch noch Blüten- und Fruchttage beinhalten.

Die Sprüche mit den Kirschen in Nachbars Garten und dem Gras, das auf der anderen Seite immer grüner ist, hatten seither eine ganz neue Bedeutung bekommen, denn Omas Nachbarn verfolgten von der anderen Seite des Gartenzauns beinahe stündlich die Fortschritte und genau wie meine Mutter fragten auch sie gierig nach Omas Geheimnis.

Natürlich verriet sie es nicht, sie war ja nicht blöd. Außerdem war es ihr peinlich. Konnte es wirklich sein, dass der Mond schuld war an diesem Überfluss? Genau genommen hieße das auch, dass ihr grüner Daumen gar nicht existierte, dabei war sie auf den so stolz. Doch schließlich beschloss sie, dass jedes Mittel recht war, um ihre Nachbarn zu ärgern. Egal mit welchen Dingen es zuging.

Am nächsten Tag kaufte meine Mutter einen Mondkalender. Innerhalb kürzester Zeit las sie sich ein umfangreiches Wissen über die verschiedenen Mondphasen an, deren Einfluss weit über das Gartenthema hinausging. Die Grundlagen sind schnell erklärt: Bei zunehmendem Mond ist der Körper in jeder Hinsicht aufnahmebereiter als sonst, das gilt sowohl für Speckröllchen als auch für Gesichtsmasken. Bei abnehmendem Mond schwinden die Kilos, aber auch die Energie. Was den optimalen Zeitpunkt für Körperpflege, Operationen und Wäsche waschen betrifft, steht in jedem Buch und auf jeder Webseite etwas anderes, aber wenigstens sind sich alle darin einig, dass der Mond einen starken Einfluss ausübt. Für Ebbe und Flut ist er ja auch verantwortlich, und wenn er sogar Ozeane bewegen kann, warum nicht auch einen Zellhaufen namens Mensch.

Der Zellhaufen, aus dem ich bestand, war gerade fünfzehn und hatte noch nie einen Friseursalon von innen gesehen. Meine Mutter hatte schließlich extra jahrelang an meinem Vater geübt, wie man Haare schneidet, ohne die Ohren dabei zu erwischen. Seitdem ihr das gelang, war sie auch für meine Frisur zuständig.

Als ich noch klein war, setzte sie mich dafür auf die Waschmaschine im Badezimmer und schnitt mir einen Pony, wobei sie versuchte, sich an der Linie meiner Augenbrauen zu orientieren. Später verpasste sie mir immer rechtzeitig zum Frühlingsanfang einen klassischen, französischen Bob. Mittlerweile ließ ich meine Haare wachsen und beauftragte meine Mutter nur ab und zu damit, die Spitzen zu schneiden. Damit ich ihre Arbeit auch genügend würdigte, hielt sie danach jedes Mal die Hand auf und sagte: »Zehn Mark, bitte«, worauf ich ihr einen unsichtbaren Schein überreichte.

Genau die richtige Beschäftigung für einen verregneten Nachmittag, fand ich. Meine Mutter saß an ihrem Schreibtisch, wo sie irgendwelche Noten sortierte.

»Mama«, sagte ich, »kannst du mir heute die Haare schneiden?«

Sie schaute zerstreut auf.

»Ja. Wasch sie dir schon mal, ich komme gleich.«

Als ich fünf Minuten später mit nassen Haaren und einem Handtuch um die Schultern gelegt auf einem Hocker im Bad saß und meine Mutter gerade die Schere ansetzte, zuckte sie plötzlich zusammen und stieß einen Schrei aus.

»Hast du dich geschnitten?«

»Nein, nein.«

Sie eilte aus dem Badezimmer und ich hörte, wie sie auf ihrem Schreibtisch herumwühlte. Dann kam sie mit einem Kalender wieder, schlug ihn auf, blätterte, las und murmelte: »Hab ich es mir doch gedacht!«

»Was denn?«

Ich fror, und meine Haare waren an den Spitzen schon wieder trocken.

»Heute ist Fische.«

»... und?«

»Das ist der schlechteste Tag, um Haare zu schneiden.«

»Das ist jetzt nicht dein Ernst.«

»Willst du nun eine schöne Frisur oder nicht?«

»Na klar.«

»Also. Wir machen es am nächsten Löwetag.«

Na toll.

»Und wann ist der?«

Sie blätterte in ihrem Kalender. Und blätterte. Und blätterte.

»Oh. In zwei Monaten.«

»Nee, ist klar.«

Selbst sie sah ein, dass eine Fünfzehnjährige nicht so lange auf einen neuen Haarschnitt warten konnte und blätterte ein paar Seiten zurück.

»Jungfrau geht zur Not auch«, sagte sie, und als ich nickte: »Dann nächste Woche Dienstag. Vergiss die zehn Mark nicht.«

Ein paar Wochen später bat mich meine Mutter, die Fenster zu putzen, und an diesem Tag hatte ich genauso wenig Lust dazu wie an allen anderen Tagen im Jahr. Ich brauchte also eine Ausrede, und während ich noch nach einer suchte, fand ich den Mondkalender. Und im Kalender die Lösung. »Der Mond steht im Sternzeichen Skorpion, zunehmend/1. Viertel«, stand da, und dann stand da noch:

»Nicht so günstig heute: Warzen entfernen, Brot backen, Fenster putzen.«

Das war doch genau die Info, die ich brauchte. Sehr sympathisch, dieser Mond. Was schlug er stattdessen vor?

»Besonders günstig heute: Brunnen bohren.«

Hm, eher nicht.

»Außerdem günstig: Unterleib warm halten, Dampfbad, eingewachsene Nägel korrigieren.«

Ach, Mond. Du alter Frauenversteher. Ich ließ mir ein duftendes Schaumbad ein, stieg in die Wanne und schaute träge zu, wie der Dampf die Fenster beschlug.

Kurze Zeit später kam meine Mutter ins Bad.

»Huch, was tust du denn hier? Ich dachte du wolltest Fenster putzen.«

Von Wollen konnte schon mal gar keine Rede sein. Ich erklärte ihr, was ich in ihrem eigenen Mondkalender gelesen hatte, dass nämlich der Platz in der Badewanne heute der einzig richtige für mich war, und nicht der auf der Leiter.

»So so, Fräulein.«

Auf der Stirn meiner Mutter bildete sich die kleine, senkrechte Falte, die nur zum Vorschein kam, wenn sie sich ärgerte. Aber gegen meine Argumentation kam sie nicht an, und sie wandte sich ab, um ein Lächeln zu verbergen.

»Und wann putzt du dann die Fenster?«

Ich ließ heißes Wasser nachlaufen.

»Frühestens in zehn Tagen.«

Meine Mutter seufzte. Ich zuckte entschuldigend mit den Schultern.

»Der Mond, du verstehst.«

Zu dem rundum durchharmonisierten Haushalt meiner Eltern gehörte auch, dass sie sich über Elektrosmog und Strahlenbelastung Gedanken machten. Sehr lange hatten sie deshalb kein schnurloses Telefon. Wenn ich zu Hause anrief, klingelte es mindestens zwölfmal, bevor jemand abnahm. Immer dann, wenn ich gerade auflegen wollte, meldete sich meine Mutter.

»Hallo?«

Sie keuchte in den Hörer. Phone-Trainer, auch eine Art Sport zu machen.

»Hallo, ich bin's.«

»Ah, hallo Dubists. Sag, kannst du gleich noch mal anrufen? Ich gehe ans andere Telefon, da ist es gemütlicher. Gib mir zwei Minuten!«

Immer das Gleiche. Aber gut, machte ich mir eben noch einen Kaffee. Und hängte schnell die Wäsche auf. Dann wählte ich wieder die Nummer meiner Eltern.

»Hallo. Das waren aber zwei lange Minuten.«

»Hallo Mama.«

»Wie geht's?«

»Gut, ich …«

»Bevor ich es vergesse, hast du eigentlich noch das Buch, das ich dir an Weihnachten ausgeliehen habe?«

»Moment, ich schau schnell nach.«

»Jetzt?«

Sie klang latent unzufrieden. Ihrer Meinung nach hat man beim Telefonieren nämlich in einem Schaukelstuhl zu sitzen und hält gefälligst einen Zettel und einen Stift bereit, damit man sich wichtige Dinge notieren kann. Die erledigt man dann nach dem Telefonat und ruft zurück. Bei langweiligen Gesprächen kann man den Zettel nutzen, um darauf rumzukritzeln und danach zu analysieren, warum das Papier nach Gesprächen mit Tante Hiltrud immer mit spitzen Formen vollgemalt ist.

»Ja, jetzt gleich.«

»Na gut«, seufzte sie, »ich bleib dran.«

»Ich auch, Mama! Ich hab ein schnurloses Telefon, ich nehm dich mit zum Regal. Wir können so lange ganz normal weitertelefonieren.«

»Ach so, ja dann.«

Ich spielte kurz mit dem Gedanken, ihr einen Videochat per Skype vorzuschlagen, damit sie mich in Echtzeit durch die Wohnung begleiten könnte, ließ es dann aber bleiben. Das würde sie nur aufregen, denn ihre Technik-Aversion ging so weit, dass sie meinem Vater Texte diktierte, die er für sie in den Computer eintippen musste; aber das lag natürlich nur am Elektrosmog, dem hohen Piepen und dem Bildschirm, der mit seiner schlechten Auflösung einen Angriff auf die Gesundheit ihrer Augen darstellte.

Die wahrscheinlichere Variante, die meine Mutter allerdings nie zugegeben hat, ist, dass sie auch mal Chef spielen wollte, Sekretär inklusive. Oder sie war einfach nur genervt, weil sie dieses Ding namens »Computer« nicht innerhalb von drei Minuten verstanden hatte. Danach gab sie auf und wollte nichts mehr mit diesem Scheißteil zu tun haben. Als ich ihr einmal am Telefon erklären musste, wie sie das Scheißteil anmacht und das Scheißmailprogramm öffnet, heulten wir danach alle beide.

Weil sie keine Lust mehr hatten, bei jedem Anruf durch das ganze Haus zu rennen, kauften meine Eltern doch irgendwann ein schnurloses Telefon. Ein Schweizer Modell, Öko-Test-geprüft und stromsparend. Fehlte nur noch die eingebaute Kuhglocke.

Seither laufen die Gespräche anders.

»Hallo, ich bin's.«

»Ah, hallo Dubists. Wie geht's?«

»Gut, ich …«

»Habt ihr auch so schönes Wetter?«

»Nein, bei uns regnet es.«

»Was? Also hier ist strah-len-der Sonnenschein! Papa sitzt mit seinem Espresso im Garten!«

Im Salz in die Wunde streuen ist sie gut, meine Mutter.

»Schön.«

»Stell dir vor, der Sohn von der Frau Krämer hat am Samstag geheiratet.«

»Ach ja?«

»Ja, und die Braut hat ein ganz reizendes Kleid getragen, das hättest du sehen müssen.«

»Hm.«

Plötzlich drang vom anderen Ende der Leitung ein dröhnendes Geräusch an mein Ohr. Aua.

»Huch, wird bei euch gerade die Straße aufgerissen?«

»Du, ich dachte, ich kann nebenher mal die Getreidemühle anmachen.«

Ihre Stimme klang sehr weit weg.

»Wolltest du eigentlich auch was erzählen?«

»Nein, nein.«

»Gut, dann können wir ja für heute Schluss machen. Ich will noch eine Quiche backen.«

Ich kann ihr nicht einmal einen Vorwurf machen. Ich erledige ja auch tausend Sachen nebenher, während ich telefoniere. Trotzdem, vorher war es schöner. Mit Schnur. Als meine Mutter wenigstens so tat, als würde sie mir zuhören und ich mir vorstellen konnte, wie sie gemütlich im Sessel sitzt und sich das Telefonkabel um den Finger wickelt. Das brüllte ich ihr dann auch zu, um das Getöse im Hintergrund zu übertönen.

Sie stellte die Getreidemühle ab.

»Wenn du jemanden an die Leine legen willst, kauf dir lieber einen Hund.«

Ich denke noch darüber nach.

12 Eine Putzfrau ärgert sich über Blumen. Nachhaltigkeit bedeutet für sie, dass die Fenster auch nach einer Woche noch sauber sind.

Es war August. Anna und ich hatten beschlossen, die Schule zu schwänzen und an den Baggersee zu fahren, denn einen guten Notenschnitt würden wir im Abitur eh nicht mehr bekommen. Und wer weiß, vielleicht war es der letzte heiße Tag in diesem Jahr. Wir packten Handtücher, Badesachen, Annas Discman, Essen und Getränke ein und radelten durch den Wald, sieben Kilometer, bis wir an den Feldweg kamen, von wo aus wir die Fahrräder schieben mussten. Ein paar Minuten später lag der See tiefblau und ruhig vor uns, im Hintergrund wölbten sich zwei große Kieshaufen und ein schwarzer Kran, der mit einem rot-weiß-gestreiften Band abgesperrt war, ragte regungslos in den Himmel. Industrieromantik.

Wir suchten uns einen freien Platz zwischen den anderen Badegästen und taten all das, was man im Sommer am See eben so tut: baden und wieder trocken werden und essen und trinken und baden und wieder trocken werden und reden und Musik hören und baden und wieder trocken werden. Irgendwann hörte ich aus der Ferne ein leises Grollen und ein kühler Windstoß richtete die Härchen auf meinen Armen auf.

»Ein Gewitter«, sagte Anna und legte sich ihr Sweatshirt um die Schultern. »Hoffentlich kommt das nicht zu uns.«

»Ach, das zieht bestimmt vorbei«, antwortete ich.

Tat es nicht. Innerhalb von Sekunden war der Himmel über uns schwarz, Blitze zuckten und der nächste Donner war so laut, dass wir aufschrien.

Krawumm!

Ein Platzregen klatschte auf die Oberfläche des Sees und peitschte die Sträucher am Ufer. Hektisch packten wir unsere Sachen zusammen und rannten los, während es unaufhörlich weiterdonnerte. Krawumm, krawumm, krawumm! Im Laufen konnte ich sehen, wie der Kran schwankte, und auf einmal wurde mir klar, dass er gleich umfallen würde, direkt auf uns drauf.

»Wir müssen schneller rennen«, schrie ich, »der Kran!«

Anna drehte sich um, riss die Augen auf und lief schneller. Ich hingegen wurde immer langsamer und meine Füße immer schwerer, so wie damals in der sechsten Klasse, als ich auf einmal nicht mehr die Schnellste war beim 50-Meter-Lauf, sondern die Drittletzte, und ich mich fühlte wie auf Zeitlupe geschaltet.

»Verdammt noch mal«, rief Anna weiter vorne, und ihre Stimme klang irgendwie merkwürdig. »Wo ist denn bloß der Schrubber?«

Hatten wir einen Schrubber mitgebracht? Egal, Anna hatte recht, mit einem Schrubber könnten wir die Wassermassen zur Seite schieben. Während ich noch fieberhaft überlegte, wo der Schrubber war, wachte ich auf.

Ich sah auf den Wecker neben meinem Bett. Es war neun Uhr vierzehn. In unregelmäßigen Abständen knallte etwas gegen die Schwelle meiner Zimmertür. Krawumm! Was war heute für ein Tag? Mittwoch. Der einzige Wochentag, an dem ich erst zur dritten Stunde Schule hatte. Und der Tag, an dem Frau Fritsch zu uns kam. Unsere Putzfrau.

Frau Fritsch hatte sehr viele gute Eigenschaften, aber leise sein gehörte nicht dazu. Sie saugte und trampelte und fluchte und redete und stampfte und ächzte und stöhnte und ackerte und schuftete. All das vertrug sich nicht so gut damit, dass ich eigentlich schlafen wollte, aber welcher normale Mensch lag morgens um neun auch noch im Bett? Fragte sich vermutlich Frau Fritsch. Sie nämlich wachte um fünf Uhr auf – der Rücken. Um sieben Uhr hatte sie bereits die Böden in ihrer Wohnung feucht gewischt, die Fenster geputzt und trank einen Kaffee (zwei Drittel H-Milch, drei Tabletten Süßstoff). Und um acht Uhr war sie bereit, ihren Dienst anzutreten. Zu ihrem Leidwesen begann ihre Schicht bei uns erst um neun, aber sie kam eben einfach eine halbe Stunde früher. Erstens, weil sie sich keine Unpünktlichkeit vorwerfen lassen wollte, zweitens weil sie sich noch umziehen musste und drittens, weil sie währenddessen ein Schwätzchen mit meiner Mutter halten konnte.

Vielleicht versuchte Frau Fritsch sogar all die Jahre leise zu sein, konnte es aber einfach nicht besser. In französischen Arthouse-Filmen ist die Haushälterin immer ein elfengleiches Geschöpf, gespielt von Emmanuelle Béart, das im Hintergrund lautlos das wertvolle Porzellan abstaubt, während die Professorengattin mit einer schlanken Damenzigarette auf der Chaiselongue sitzt und »Schatz, reichst du mir bitte mal das Feuilleton?« sagt.

Aber das Leben war kein Film, meine Eltern rauchten nicht und Frau Fritsch war nicht Emmanuelle Béart. Sie war weit davon entfernt, eine Putzfee zu sein, aber dafür das, was man gemeinhin eine Perle nennt, und das war mindestens genauso gut, wenn nicht sogar besser.

Kann nämlich eine Putzfee den Küchenschrank hochheben, um die darunter liegenden Wollmäuse zu entfernen? Frau Fritsch konnte. Ist eine Putzfee in der Lage, eine Holzeinbauküche auseinanderzumontieren und fachgerecht wieder zusammenzuschrauben? Frau Fritsch war es. Schafft es eine Putzfee, beim bloßen Abstauben eine Glühbirne kaputt zu machen? Frau Fritsch ja, aber wie bedeutend sind schon Glühbirnen, wenn man dafür jemanden hat, der richtig anpacken kann.

Abgesehen von dem Getöse, das Frau Fritsch bei jedem ihrer Handgriffe verursachte, mochte ich sie wirklich gerne. Das lag auch daran, dass sie das komplette Gegenteil von meinen Eltern war. Nachhaltigkeit bedeutete für sie, dass die Fenster auch nach einer Woche noch sauber waren. Sie trank lieber einen sauren Gespritzten als Wein aus unbehandelten Trauben, unter Energieeffizienz verstand sie ihren Mittagsschlaf und »bio« war für sie ein »naturorientierter Lebensstil mit drei Buchstaben« in ihrem Kreuzworträtsel, keine Berufung.

Stets umwehte Frau Fritsch ein Hauch von Chemie, der sich aus Haarspray, scharfem Reinigungsmittel und Weichspüler zusammensetzte, und da all das in unserem Haus eigentlich verboten war, sog ich ihren Duft ein wie eine Klebstoffsüchtige. Manchmal hängte meine Mutter die Arbeitskleidung von Frau Fritsch heimlich zum Lüften auf den Balkon, wegen des Geruchs nach Weichspüler der Marke So-duftet-der-Frühling. Frühlingsduft war in unserem Haus nämlich nur erwünscht, wenn er aus dem Garten hereinwehte.

Während ich müde ins Badezimmer ging, hörte ich, wie sich Frau Fritsch und meine Mutter in der Küche unterhielten.

»Am Wochenende war der Albert zu Besuch«, rief Frau Fritsch, um den Staubsauger zu übertönen. Der Albert war ihr Sohn, und wie es für erwachsene Kinder üblich ist, besuchen sie ihre Eltern immer viel zu selten.

»Das ist aber schön«, sagte meine Mutter. »Was haben Sie denn unternommen?«

»Wir waren auf einem Konzert.«

»Oh, auf was für einem denn?«

»Das Herbstfest der Volksmusik. Mein Gott, war das schön. Und alle haben geschunkelt!«

Ich schloss die Badezimmertür. Als ich mich auf die Toilette setzen wollte, bemerkte ich gerade noch rechtzeitig, dass sie schon besetzt war. Eine Brausetablette sprudelte blau vor sich hin und verströmte Meeresaroma. Mist. Na, dann eben nicht.

Die WC-Tabs waren übrigens das einzige Reinigungsmittel, bei dem sich Frau Fritsch in den wochenlangen Verhandlungen mit meiner Mutter durchgesetzt hatte. Es war nämlich so, dass sie an ihrem ersten Arbeitstag vor fünf Jahren einen Putzeimer mit einem Sortiment an Flaschen mitgebracht hatte. Der Eimer war riesig. Darin befanden sich: Cillit Bang, Multi-Fett Kraftreiniger für die Küche, Ajax Intensiv Glasreiniger für Fenster und Spiegel, Null Null Power WC Aktiv-Pulver für die Toilette, Bref Power Schaum gegen Bakterien und Schimmel im Bad, Meister Proper Allzweckreiniger mit Meeresfrische für die Böden und noch vieles mehr. All diese Produkte hatten Namen, in denen Schlüsselwörter wie Hochleistung, Power, Aktiv, Langzeit oder Kraft vorkamen, und manche von ihnen setzten sogar noch mit Großbuchstaben und Ausrufezeichen eins drauf. Cillit BANG! Ich stellte mir gerne vor, dass es schon reichte, diesen Namen auszusprechen, damit die Armaturen vor Angst kapitulierten und ihren Kalk abwarfen.

Meine Mutter hingegen ließ sich nicht gerne anschreien, und schon gar nicht von Putzmitteln. Sie befand sich in einer Zwickmühle. Einerseits tat es ihrer grünen Seele weh, so viele verschiedene Produkte im Haus zu haben, die auch noch alle besonders aggressiv waren. Bisher hatte es in unserem Haushalt nur Essigreiniger, Neutralseife, Scheuermilch und Spülmittel gegeben, für die ganz harten Fälle auch mal Gallseife, mehr aber nicht. Und natürlich alles von der Marke mit dem Frosch, dem Joschka Fischer einmal bescheinigt hatte, er sei ein »Grüner der ersten Stunde«. Bioqualität seit 1986 eben. Andererseits wollte sich meine Mutter als Laie auch nicht in den Job von Frau Fritsch einmischen, indem sie ihr vorschrieb, mit welchen Produkten sie zu putzen hatte.

Sie ging also folgendermaßen vor, um sich ihren Status als Hausherrin Schritt für Schritt zurückzuerobern.

1. Sie appellierte an das Mitgefühl von Frau Fritsch. Immer, wenn diese mit einem Produkt herumsprühte, das nach Chlor oder Zitrone aus der Dose roch, benutzte meine Mutter Sätze wie: »Puh, was für ein Gestank« und »Ich muss hier dringend mal lüften, sonst wird mir schlecht«, was irgendwann Wirkung zeigte.

2. Sie packte Frau Fritsch bei ihrer Fachfrauenehre. Beim gemeinsamen Fensterputzen streute meine Mutter beiläufig ein, dass ihr ein professioneller Fensterputzer den Tipp gegeben habe, nur kaltes Wasser und einen Tropfen Spülmittel zu verwenden. Ein professioneller Fensterputzer? Das leuchtete Frau Fritsch ein, er war ja vom Fach. Genau wie sie.

3. Sie nutzte den Heimvorteil aus. Immer, wenn ein

Produkt leer war, kaufte sie schnell ein neues, das ökologisch korrekt war und stellte es an den frei gewordenen Platz.

Im Laufe der Zeit hatte sich so eine Dynamik entwickelt, mit der beide Seiten leben konnten. Nur der Kloreiniger war meiner Mutter weiterhin ein Dorn im Auge – bis eines Tages Sonja und Uli zu Besuch waren. Im Gegensatz zu ihnen wirkten meine Eltern wie Stammgäste beim Fast-Food-Drive-In. Sie hatten ein Haus gebaut, das komplett aus Holz bestand und in dem Weißmehl und Zucker strengstens verboten waren. Scharfes Putzmittel sowieso.

»Bei uns gibt es nur Essigreiniger und Schmierseife«, sagte Uli, und in seiner Stimme schwang ein stolzer Unterton mit.

»Und wie bekommt ihr das Klo sauber?«, fragte meine Mutter.

»Na, mit Essigreiniger. Man muss halt kräftig schrubben.«

Er machte eine Pause und fügte hinzu: »Die Sonja macht das alles aus eigener Kraft.«

Na toll. Der Mann des Hauses hält seinen selbstgerechten Öko-Lifestyle hoch, aber die Konsequenzen muss die Frau ausbaden. Meine Mutter wurde wütend. Hatte sie nicht genau deshalb eine Putzfrau engagiert, damit nämlich das Saubermachen der 22 Fenster nicht immer nur an ihr hängen blieb? Und das Schrubben der Toilette? Jetzt hatte sie eine Putzfrau – doch wollte sie es ihr wirklich unnötig schwer machen? Der WC-Reiniger blieb. Auch wenn meine Mutter bis heute nicht versteht, warum der Abfluss sauberer sein muss als die Klobrille.

Nachdem ich mich gewaschen und angezogen hatte, ging ich ins Esszimmer, wo die Spuren von Frau Fritsch deutlich zu sehen waren. Denn sie stellte nach getaner Arbeit zwar immer alles wieder an seinen Platz, aber nicht so wie es vorher war, sondern so, wie sie es für richtig hielt.

Richtig hieß in ihrem Fall: symmetrisch. Der ganze Kleinkram, der normalerweise auf unserem Esstisch herumlag – Postkarten, Steine aus dem Urlaub, Kerzen – befand sich nun aufgereiht und gestapelt am Tischende. Den Korkuntersetzer hatte sie in die Mitte des Tisches gelegt und die Blumenvase mit dem Tulpenstrauß obendrauf gestellt. Ein modernes Kunstwerk, bei dem zusammengefügt wurde, was nicht zusammengehört. Interessant.

Mit Blumen an sich stand Frau Fritsch sowieso auf dem Kriegsfuß – abgesehen von den Orchideen und Kakteen, die sie meiner Mutter zum Geburtstag schenkte, vermutlich um sie von ihren Vorteilen zu überzeugen. Sie waren ja so pflegeleicht! Ganz im Gegensatz zu den Geranien bei uns zu Hause.

»Die verlieren die ganze Zeit Blüten«, sagte Frau Fritsch gerne, »da kommt man ja gar nicht mehr hinterher mit dem Putzen.« Dann seufzte sie. Wenn es nach ihr ginge, würden Pflanzen einfach abgeschafft, wofür gab es schließlich Stoffblumen? Die machten keinen Dreck, sahen immer gut aus und vor allem immer gleich, da musste man sich nicht ständig an etwas Neues gewöhnen. Und Geld ausgeben musste man auch nur einmal.

Gerade als ich mich an den Tisch gesetzt hatte und mir eine Tasse Tee einschenkte, kam meine Mutter ins Zimmer.

»Ach, du bist schon wach?«

»Es war laut.«

»Das tut mir leid. Aber schau doch mal, wie wunderbar sauber jetzt alles ist!«

Sie ging in die Küche, um sich einen Teller zu holen. Beim Rückweg schubste sie mit dem Fuß den Teppich in seine alte Position. Meine Mutter legte sehr viel Wert auf auflockernde Elemente in der Wohnung, deshalb musste der Teppich schräg drapiert sein, so als hätte ihn jemand im Vorübergehen beiläufig fallengelassen. Wenn Frau Fritsch da gewesen war, lag er schnurgerade in der Mitte des Zimmers. Seit Jahren schoben sie nun schon den Teppich hin und her, und keine von ihnen wollte nachgeben.

Während wir gemeinsam frühstückten, hörten wir Frau Fritsch nebenan im Wohnzimmer rumoren. Offenbar staubte sie gerade den Kachelofen ab, dessen Sims als Aufbewahrungsort für alle möglichen Sachen diente. Anhand ihrer Kommentare konnten wir mitverfolgen, was sie gerade machte.

»Herrje, was liegt denn hier? Ah, ein Teller mit … hoppla, da war ja was drin. Na so was. Rosenblätter, wozu man das nun wieder braucht, so ein Staubfänger. Weg damit. Der Bilderrahmen hat auch schon bessere Zeiten gesehen, da muss man mal mit Politur ran. Hm, was das hier wohl ist? Sieht aus wie ein Deo oder ein Parfum, mal riechen.«

Meine Mutter und ich grinsten uns an. Dann hörten wir ein pfffft und einen erstickten Schrei. Eine tränenüberströmte Frau Fritsch stolperte herein.

»Was um alles in der Welt ist passiert?«, fragte meine Mutter erschrocken. Ich hielt schon mal Ausschau nach einer stark blutenden Wunde.

Frau Fritsch weinte.

»Ich weiß auch nicht. Ich habe doch nur einmal damit in die Luft gesprüht und daran gerochen.«

Sie hielt uns eine kleine schwarze Spraydose vor die Nase, die ich noch nie zuvor gesehen hatte.

»Ich dachte, das wäre ayurvedisches Raumspray oder Deo.«

Meine Mutter nahm die Sprühdose in die Hand und kniff die Augen zusammen. Dann stieß sie die Luft aus, die sie angehalten hatte.

»Frau Fritsch, das ist Tränengas. Kein Wunder, dass Sie heulen.«

»Tränengas?«

Schnell führte meine Mutter Frau Fritsch zum Waschbecken und schaufelte ihr Wasser ins Gesicht. Danach ließ Frau Fritsch sich auf einen Stuhl sinken und wischte sich die Augen mit dem Zipfel ihrer Kittelschürze.

»Also so was. Wozu brauchen Sie denn Tränengas?«

Meine Mutter war zerknirscht.

»Das war ein Werbegeschenk, als ich mal in einer Tiefgarage geparkt habe. Danach muss ich es auf den Kachelofen gestellt und vergessen haben. Geht's wieder?«

»Danke, ja. Mannomann, was für ein Tag.«

Frau Fritsch trocknete ihr Gesicht mit dem Geschirrtuch, das am Kühlschrank hing. Dann sagte sie: »Na, wenigstens wissen Sie jetzt, dass das Tränengas funktioniert.«

Putzfeen sind definitiv überbewertet.

13 Das Müslimädchen wird flügge und zieht in eine große Stadt. Es teilt sich eine Wohnung mit anderen Menschen und macht lauter ungesunde Dinge.

Und dann war ich auf einmal volljährig, hatte Abitur und keine Ahnung, was ich mit meinem Leben anfangen sollte. Bisher hatte alles auch ohne großen Aufwand meinerseits reibungslos funktioniert (Finanzen, Beziehung, Schule), sodass ich ganz vergessen hatte, mir Gedanken über meine Zukunft zu machen. Also über meine berufliche. Ansonsten war alles klar: Ich wollte in Kanada auf einer Farm leben, wo das ganze Jahr Indian Summer wäre. Oder in Südfrankreich, in einem alten Bauernhaus mit großem Garten, einem Hund und einer pastellfarbenen Vespa. Nur was ich da genau tun würde, das wusste ich nicht. Seit dem Kindergarten hatte ich zwar mehrere Berufe in Betracht gezogen: Feuerwehrfrau, Prinzessin, Malerin, Erzieherin, Cowgirl, Go-Go-Girl, Psychologin, berühmte Saxofonistin, berühmte Schriftstellerin, einfach nur berühmt. Aber jetzt fand ich das alles irgendwie doof.

»Fräulein, so nicht!« Mein Vater sprach gefährlich leise. Der Familienrat tagte wieder einmal. Weil ich wochenlang nur zum Duschen und Kleider wechseln nach Hause gekommen war – so viele Verpflichtungen, so viele Partys, und dann war auch noch Sommer. Hach. Schlimm. Also im positiven Sinne. Oder?

»Nein, verdammt noch mal!«

Mein Vater haute mit der flachen Hand auf den Tisch.

»Es reicht jetzt mit dem Lotterleben. Du suchst dir ein Studium oder irgendwas anderes, ansonsten fliegst du hier raus.«

Wie sollte das denn gehen, ohne meinen Kleiderschrank, meine Zeitschriften, die Badewanne …?! Hilfe, schnell an den Computer. Wahllos gab ich bei Google Wörter wie »kreativ«, »Medien«, »Mode« und »schreiben« ein, dann fand ich einen Treffer, in dem alle meine Suchbegriffe vorkamen: Modejournalismus. Perfekt. Vor meinem inneren Auge sah ich mich bereits als Chefredakteurin der *Vogue* Deutschland in meinem Büroloft sitzen und per Würfel über den Aufstieg oder Fall eines neuen Designers entscheiden. Aber das Wichtigste: Der Studienplatz war in Berlin. Einer richtigen Großstadt. Zwar nicht Kanada oder Südfrankreich, aber weit genug weg von zu Hause. Toll.

Das fand auch mein Vater.

»Na also, geht doch«, sagte er.

»Was, so weit weg? Muss das denn sein?«, rief meine Mutter.

Ja. Ja und ja.

Um als vollwertiges Mitglied der Gesellschaft in einer neuen Stadt zu bestehen, hilft es, wenn man eine Wohnung hat. Es kann auch gerne eine sein, in der mehrere Menschen leben, solange es sich nicht um betreutes Wohnen handelt.

Also eine WG.

Da sparst du Geld, sagte mein Vater.

Und bist nicht so allein, sagte meine Mutter.

Da lerne ich Leute kennen, sagte ich.

Was ich nicht sagte: Alleine wohnen kam sowieso

nicht in Frage. Wegen der Einbrecher. Die zweifellos irgendwann kommen, und dann kann man froh sein, wenn man gerade nicht zu Hause ist und sie nur die Unterhosen mitnehmen und den Computer, andernfalls würde man ans Bett gefesselt, auf grausamste Art und Weise gefoltert und danach …

Keine Ahnung, wie ich auf solche Gedanken kam. Wir hatten ja nicht mal einen Fernseher. Nur unser großes, dunkles Haus mit den vielen Fenstern und Türen und Eingängen und den gruseligen Geräuschen. Tapp tapp tapp machte es, wenn meine Eltern unterwegs waren und mich alleine zurückließen. Tapp tapp tapp, wenn ich im Bett lag und vor Angst schwitzte, immer die Tür im Blick. Tapp tapp tapp, als ich mir die flache Hand gegen die Stirn schlug, weil herauskam, dass die Geräusche von einem purzelbaumschlagenden Marder auf dem Dachboden stammten. Aber zu spät. Die Angst vor Einbrechern hatte es sich schon gemütlich gemacht.

Ich klickte mich also durch die WG-Anzeigen im Internet, arglos, bescheiden und ohne besondere Ansprüche. Doch das sollte sich schnell ändern. In einer Anzeige las ich: »Da wir alle vegan leben, suchen wir eine Person, die in der Wohnung kein Fleisch/Fisch etc. essen würde. Über Milchprodukte könnten wir verhandeln«.

Oh Gott, bloß keine Öko-WG! Nach neunzehn Jahren wollte ich auch mal was anderes, ehrlich.

Ich klickte weiter.

»Nur Zweck-WG! Jeder von uns macht sein eigenes Ding, und das soll auch so bleiben«, stand in einer anderen Anzeige. Das fand ich nun auch eher freudlos. Was, wenn man sich aus Versehen gut verstand? Da lief man doch Gefahr, dass irgendwann einer am Tisch weinend ausruft: »Ja, ich kann es nicht mehr leugnen – ich habe freundschaftliche Gefühle für dich!«, und die anderen schütteln ihre Köpfe und sagen: »Sorry, Mann, aber das geht echt nicht. WG-interne Befreundungen wollen wir hier nicht haben. Pack bitte zum nächstmöglichen Zeitpunkt deine Sachen, ja?«

Viel zu unsicher und emotional aufreibend.

Dann gab es noch die Anzeige, in der stand: »Dein Zimmer ist nur sechs Quadratmeter groß, aber dafür sehr günstig. Es hat Tageslicht, allerdings durch ein Fenster, das sich nicht öffnen lässt.« Entschuldigung, ich wollte in Berlin leben, nicht sterben.

Viel blieb nach dieser natürlichen Auslese nicht übrig. Nur normale, nette Menschen, die normale, nette Menschen für eine normale, nette Wohnung suchten. Und als ich in der hellen Altbauwohnung stand, in der Holger und Ben eine Sechser-WG gründen wollten, und Holger ein bisschen rumdruckste und sagte: »Also, außer der Frauenquote ist uns eigentlich alles ziemlich egal«, da wusste ich: Hier bin ich Mensch, hier kann ich sein, hier stellt niemand irgendwelche Ansprüche an mich. Dass Ben im Hintergrund grinste und irgendwas sagte wie: »Bei drei Jungs und drei Mädchen ist ja für jeden was dabei, höhö«, ignorierte ich erst mal.

Zwei Wochen später fuhr ich in einem gemieteten Golf-Kombi Richtung Nordosten. Hinten im Auto befand sich außer meinen Kleidern und ein paar Möbeln eine komplette Küchenausstattung inklusive Geschirrtücher. Also all das, was ich in den letzten Jahren von meinen Eltern zum Geburtstag und zu Weihnachten bekommen hatte. Die Aussteuer, wie meine Mutter es nannte. Ach, wie ich mich auf meinen Bräutigam freute. Berlin, ich komme! Endlich würde ich alles tun und lassen können, was ich wollte.

Bei einem Nachmittagsbier saßen wir uns das erste Mal auf dem Dielenboden in der neuen Wohnung gegenüber, die so groß war wie die Hoffnung, die ich in die neue Stadt setzte. Wir, das waren neben Holger und Ben noch Ada, Marilli, Hansen und ich. Sechs Studenten um die Zwanzig, manche schon im dritten Semester und mit WG-Erfahrung, andere gerade am Anfang, so wie ich.

»Also, wie stellt ihr euch das alles vor?«, sagte Ada und zündete sich eine Zigarette an. »Gibt es irgendwelche Regeln?«

»Ach so, ja, ich weiß gar nicht, ob ich das gesagt habe«, sagte Ben. »Da die meisten von uns Raucher sind, wollen wir auf jeden Fall überall rauchen.«

Gut, irgendeinen Tod musste ich ja sterben. Und Marilli offenbar auch, ihrem Gesichtsausdruck nach zu urteilen.

»Demokratie halt«, sagte Holger und nickte bekräftigend, »Demokratie ist echt wichtig.«

Dagegen konnten wir natürlich nichts sagen.

Marilli, die bisher im Schneidersitz dagesessen und still das Etikett ihrer Bierflasche abgepult hatte, entknotete ihre Beine und fragte: »Und wie machen wir das mit dem Putzen?«

Das passte. Marilli, die eigentlich Marie-Luise hieß, sah aus, als würde alles Schmutzige einfach an ihr abperlen. Wie Teflon.

»Also ich finde ja, dass das Zusammenleben zu sechst auch ohne niedergeschriebene Regeln möglich sein muss«, sagte Holger. »Wenn man nicht mal das schafft, wie soll dann jemals Anarchie funktionieren?«

Hansen zog die Augenbrauen hoch.

»Grade war es noch Demokratie.«

»Anarchie, Demokratie – Hauptsache keine Diktatur«, sagte Holger und öffnete mit dem Feuerzeug den Kronkorken der nächsten Bierflasche. Langsam redete er sich warm. »Freiheit ist ja immer auch die Freiheit des Andersdenkenden. Hat Rosa Luxemburg damals gesagt, als sie davor warnte, dass die russische Revolution eine Diktatur der Kommunisten wird.«

»Keine Ahnung, was er uns damit sagen will«, raunte mir Marilli von der Seite zu. Ich schüttelte stumm den Kopf. Solche Gespräche hatte es bei uns zu Hause nicht gegeben. Da hieß es: »Du kannst dir aussuchen, ob du samstags lieber das Waschbecken putzt oder den Hof fegst.« Ende der Diskussion.

»Und was heißt das jetzt konkret ..?«, fragte Marilli.

»Dass geputzt wird, sobald sich jemand über den Dreck beschwert«, sagte Holger.

»Einspruch!«, rief Marilli. »Ich möchte nicht die Zicke sein, die alle zum Putzen auffordert, nur weil ich ein anderes Verständnis von Sauberkeit habe als du. Ich finde, wir brauchen klare Regeln.«

Zustimmendes Raunen.

»Ehrlich, Leute«, sagte Holger. »Wenn wir die Vorstellung haben, dass eine andere Gesellschaft möglich wäre, müssen wir auch dafür kämpfen! Im Kleinen! Wenn man sich nicht mal in den eigenen vier Wänden traut, Revolution zu machen, wo denn dann?« Er hob seine Bierflasche.

»Ich fänd ja eine Putzfrau ganz geil«, sagte Ada in die darauf folgende Stille hinein.

Bens Augen leuchteten auf. »Hammeridee!«, sagte er anerkennend. Es war nicht schwer zu erkennen, welcher

Film hinter seiner Stirn ablief. Ein Film namens »Die Sechser-WG – ein Lotterleben«. Genau das, wovor mich mein Vater gewarnt hatte. Fand ich gut. Die anderen offenbar auch. Außer Holger.

»Waaaaas?«, rief er. »Eine Putzfrau? Auf gar keinen Fall.«

»Lass uns doch einfach abstimmen«, sagte Ada und hob die Hand. »Wer ist dafür?«

Vier weitere Hände gingen in die Höhe.

Holger verschränkte die Arme.

»Das könnt ihr so was von vergessen. Ich geb doch mein Geld nicht für eine Putzfrau aus!«

»Aha, das verstehst du also unter Demokratie?«, fragte Ada und schaute herausfordernd in die Runde.

Ich lehnte mich entspannt zurück. Das war ja besser als Fernsehen. Langweilig würde es hier bestimmt nicht werden.

Wurde es auch nicht. Denn wem wird schon langweilig, wenn man immer jemanden zum Reden hat, ob man will oder nicht. Wenn alle Unterhosen einen Blaustich haben, weil Ben noch schnell seine neue Jeans mit in die Waschmaschine gestopft hat. Wenn Holger alle mit seiner Idee ansteckt, ein Gemüseorchester zu gründen. Wenn Marilli immer friert, Holger aber Nebenkosten sparen will und sowieso findet, dass die Heizung im Badezimmer überflüssig ist, weil man da ja eh meistens unter der Dusche steht. Wenn man dringend Zigaretten braucht und jeden Mitbewohner nach Kleingeld fragt, weil der Automat nur Münzen nimmt. Wenn die Stromrechnung kommt und auf sechs Leute verteilt wird, das Fresspaket von den Eltern aber auch. Wenn jeden Monat Mottopartys gefeiert werden, die immer ausladender werden. Wenn die ganze WG im Sommer an den See fährt und abends alle merken, dass sie ihren Schlüssel vergessen haben. Wenn man auf dem Klo sitzt und einem auffällt, dass Ben mal wieder vergessen hat, Klopapier zu kaufen. Wenn man sonntagabends beim *Tatort* die wichtigste Stelle verpasst, weil alle wild durcheinander diskutieren, wer wohl der Mörder ist. Wenn Hansen eine Woche lang das Wohnzimmer in ein Animationsfilmset umfunktioniert. Wenn immer Essen im Kühlschrank ist, nur das eigene nicht. Wenn Ada einem nachts um vier aus dem Kaffeesatz liest und prophezeit, dass im nächsten Jahr ein großer Urlaub ansteht.

Das Kaffeesatzlesen hatte Ada von ihrer türkischen Mutter gelernt, und wie man die besten Köfte der Welt macht auch. Außerdem Gözleme, Sigara Böreği, Sucuk und Supangle, einen Pudding mit Schoko- und Pistazienstücken, gegen den jede Milchschnitte schmeckte wie ein abgelaufener Schokonikolaus. Aber die türkische Küche hielt noch mehr Überraschungen bereit. Dazu muss man wissen, dass wir am Anfang des Monats beim Blick auf den Kontoauszug regelmäßig dachten, wir seien jetzt endlich reich (Eltern, Bafög) und erst mal Kleider kaufen gingen. Und Kaffee trinken. Und am Wochenende in ein paar Bars. Nach zwei Wochen kam dann regelmäßig jemand nach Hause und berichtete zerknirscht, dass der Bankautomat anstatt des dringend benötigten Geldes nur den Spruch »Heute ist leider keine Auszahlung mehr möglich« ausgespuckt hatte. Meistens war dieser Jemand ich. Aber zum Glück gab es Ada.

»Komm, wir gehen einkaufen«, sagte sie, wedelte mit ihrem letzten Zwanzig-Euro-Schein und schleppte mich in den Supermarkt, wo sie den Einkaufswagen mit einer Palette Tetrapak-Wein, zehn Packungen Nudeln, einer Flasche Gewürzketchup und ein paar Bechern Naturjoghurt füllte. Am Ende blieb sogar noch genug Geld für Zigaretten übrig. Weil der Gestank nach kalter Asche morgens in der Küche unerträglich war, hatte ich ziemlich schnell auch mit dem Rauchen angefangen, dann riecht man das ja nicht mehr so. Außerdem passte das Rauchen zu meinem neuen Image. Ich wollte nämlich auf gar keinen Fall so werden wie meine Eltern. Wenn die alles richtig gemacht hatten, dann machte ich jetzt eben alles falsch.

»Du wirst sehen, das reicht für die nächsten zwei Wochen«, sagte Ada, als wir unsere Einkäufe auf das Warenband legten.

Zu Hause warf sie die Nudeln in kochendes Wasser und verrührte Ketchup und Joghurt. Dann goss sie die Nudeln ab, schüttete sie auf den Teller, gab die Soße drüber und schob ihn mir hin.

»Los, probier!«

Ich schaute auf die braune Pampe. Gut, dass ich wusste, aus was sie bestand, sonst hätte ich sie im Leben nicht angerührt. Und einen großen Fehler gemacht. Denn die Pampe schmeckte! Irgendwie würzig und frisch und ganz anders als alles, was ich bisher mit Nudeln in Verbindung gebracht hatte. Außerdem war die Zubereitung kinderleicht, ungefähr auf einer Stufe mit Brote schmieren oder Kochbeutelreis. Damit würde ich die nächsten zwei Wochen vermutlich überleben.

Während wir aßen, öffnete sich die Tür und Hansen kam herein, wie immer wenn gerade jemand mit dem Kochen fertig war. Gierig schaute er auf unsere Teller.

»Oh, Carbonara?«

»Nee, türkische Zweikomponentensoße«, sagte ich und schob ihm meinen Teller hin.

Hansen nahm einen Bissen.

»Schmeckt gut«, sagte er. »Fast wie Currywurst.«

Dann runzelte er die Stirn. »Aber sicher, dass das türkisch ist?«

Ada warf ihm einen abschätzigen Blick zu.

»Da ist Joghurt drin, also ist es türkisch«, sagte sie.

Und wenn sie es nicht wusste, wer dann.

Ach, das WG-Leben war herrlich! Wir waren eine richtige kleine Familie, nein, besser, eine Wahlfamilie. Wir teilten alles: Gedanken, Kleider, Krankheiten und Essen. Es war eine Art Abhärtung für das, was danach kommt, das richtige Leben, mit Beruf und Verantwortung und all diesen Dingen. Da wir jeden Abend in der Küche saßen und Wein oder Bier tranken, sammelten sich mit der Zeit in unserem Flur so viele leere Flaschen an, dass Giovanni Trapattoni seine helle Freude an uns gehabt hätte. Er kam aber leider nie zu Besuch. Und obwohl wir jedes Mal einen anspruchsvollen Parcours absolvieren mussten, um die Wohnungstür zu erreichen, mochten wir die Idee, dass die Pfandflaschen unsere Rente sichern würden. Irgendwann nahmen wir die Hindernisse auch gar nicht mehr wahr. Holgers Eltern allerdings schon. Als sie das nächste Mal zu Besuch kamen, standen sie stumm und mit vor Entsetzen geweiteten Augen in der Tür, und ich konnte hören, wie seine Mutter seinem Vater zuflüsterte: »Also doch Alkoholiker!«

»Die Flaschen müssen weg«, sagte Holger später, als wir in der Küche saßen und überlegten, wie wir den Schein hart arbeitender Studenten vor unseren Eltern wahren konnten.

»Meine Eltern streichen mir das Geld, wenn es hier das nächste Mal noch so aussieht. Die denken, ich gebe das nur fürs Saufen aus.«

»Gut, dann bringt ab jetzt immer derjenige, der das Bad putzt, die Flaschen zurück«, sagte Marilli. Eine Putzfrau war in unserem Budget schon lange nicht mehr drin. »Das kann ja wohl nicht so schwer sein.«

»Bad putzen ist schon ätzend genug«, rief Hansen. »Da will ich nicht auch noch Flaschen zurückbringen.«

»Dann halt der, der die Küche putzt«, schlug Marilli vor. »Passt thematisch eh besser.«

Das Rückgeld, beschlossen wir, sollte in die WG-Kasse fließen. Die WG-Kasse war eine leere Raviolidose, die auf dem Kühlschrank stand und hauptsächlich Staub beinhaltete. Mit dem Geld von den Pfandflaschen könnten wir uns dann auch endlich eine neue Küchenlampe kaufen.

»Wo wir gerade dabei sind«, sagte Marilli. »Ich fände es gut, wenn solche Gespräche künftig einmal im Monat stattfinden.«

»Warum das denn?«, fragte Ben.

»Zur Krisenprävention.«

Bis zu diesem Zeitpunkt hatte ich erfolgreich verdrängt, dass zu einer Familie auch immer Diskussionen gehören. Aber nun gab es keinen Zweifel mehr: Der Familienrat war zurück! Auch wenn er von da an WG-Plenum hieß.

In den folgenden Wochen stellte sich heraus, dass die Leute, die nie die Küche putzten auch die Flaschen nicht wegbrachten, im Gegenteil – der emotionale

Druck wurde offenbar durch die verdoppelte Arbeit noch verstärkt und hemmte sie komplett am Ausüben jedweder körperlichen Tätigkeit. Die Aufgabe blieb dann wie jede andere auch an denen hängen, die ab und zu mal einkaufen gingen. Aber irgendwann reichte es Hansen und Marilli, und erneut wurde ein WG-Plenum einberufen. Thema: Wie bringt man faule Menschen zum Arbeiten.

»Ganz einfach«, sagte Ben. »Wir brauchen einen Causus stimuli.«

»Einen was?«, fragte ich.

»Einen Causus stimuli. Das ist ein äußerer Anreiz. Hab ich im Psychologie-Seminar gelernt. Wie bei Pawlows Hunden.«

»Causus stimuli, so ein Unsinn. Das hast du dir doch gerade ausgedacht«, fuhr Marilli dazwischen, die im Gegensatz zu Ben tatsächlich Psychologie studierte und nicht Marketing.

»Aber die Idee ist gut. Wir könnten …«, sie rieb sich an der Nase wie Wickie, der kleine Wikinger, kurz bevor er eine gute Idee hat.

»Wer die Flaschen wegbringt, darf das Pfand behalten!«

Eine Woche später feierten wir eine Halloween-Party. Als wir am nächsten Morgen aufwachten, standen überall Aschenbecher und Gläser herum – nur die Bierflaschen waren weg. Hm. Komisch. Wir fingen an, den gröbsten Müll wegzuräumen, was lustig aussah, da einige von uns offenbar in ihrer kompletten Zombie-Montur geschlafen hatten. Wo war eigentlich Holger? Vermutlich schlief er noch. Wir klopften an seine Tür.

»Aufstehen, Holger. Gemeinschaftsputzen!«

Keine Antwort.

»Na, der kommt schon raus, wenn er die Musik hört«, sagte Ada und drehte die Anlage auf.

Einige Minuten später hörten wir den Schlüssel in der Wohnungstür. Es war ein Geist, oder besser Holger, der noch als Geist verkleidet war und mit rotgefrorener Nase in die Wohnung stolperte.

»Wo kommst du denn jetzt her?«, fragte ich.

»Ich hab durchgemacht und dann dachte ich: Kann ich ja gleich mal die Pfandflaschen wegbringen«, sagte Holger und schwenkte leere Plastiktüten. Ein irres Grinsen überzog sein weißgeschminktes Gesicht. »Voll geil, 60 Euro! Nur für mich!«

Na super.

»Dann kannst du jetzt ja wenigstens beim Putzen helfen«, sagte Ada und hielt Holger die Mülltüte hin.

»Ey, später. Ich muss jetzt erst mal pennen. Ich bin total durch.«

Holger wohnte dann nicht mehr lange bei uns.

Als sein Zimmer frei wurde, suchten wir einen neuen Mitbewohner. Wir hatten allerdings nicht damit gerechnet, dass die Bewerber nach ihrem Besichtigungstermin einfach in der Küche sitzen blieben. Sie wollten gar nicht mehr weg. Nur einer ging noch mal los und kaufte einen Kasten Bier, der durfte dann bei uns einziehen. Eigentlich hieß er Jens, aber wir nannten ihn Holger. Wir waren eben Gewohnheitsmenschen. Von da an gab es ständig neue Mitbewohner, weil immer irgendjemand ein Auslandssemester machte. Irgendwann kamen wir auf die Idee, die Abstellkammer zu vermieten, um unsere WG-Kasse aufzubessern. In die Anzeige schrieben wir: »Dein Zimmer ist nur sechs Quadratmeter groß, aber dafür sehr günstig. Es hat Tageslicht, allerdings durch ein Fenster, das sich nicht öffnen lässt.«

Die Leute rannten uns die Bude ein.

Einer von ihnen war Habib, der während des Bürgerkriegs im Alter von neun mit seinen Eltern aus dem Libanon nach Frankreich geflohen war. Als der französische Einbürgerungsbeamte meinte, dass ein islamischer Name nicht gerade hilfreich bei der Arbeitssuche sein würde, entschlossen sich Habibs Eltern, ihren Sohn umzubenennen. Wie wäre denn zum Beispiel Hans, überlegten sie, so würden wenigstens die Initialen gleich bleiben. »'ans?«, rief der Einbürgerungsbeamte und schüttelte erschrocken den Kopf, »non, non, das ist kein französischer Name ... Wir brauchen etwas Klassischeres.«

Am Ende einigten sie sich auf Christian. Wenn Habib die Geschichte erzählte, schnalzte er gerne in gespielter Empörung mit der Zunge und sagte: »Von Habib, dem Moslem, zu Christian, dem Christen. Irgendwas in der Mitte haben sie offenbar nicht gefunden.«

Und obwohl ihn seit über zehn Jahren alle Christian nannten, war er für uns von Anfang an Habib. Habib bedeutet Freund, und wir fanden, das passte besser.

Andere Zwischenmieter warfen wir schnell wieder raus. Zum Beispiel den, der ausschließlich in seinem Zimmer saß und Computer spielte. Ich erinnere mich nicht mal mehr an seinen Namen, aber wir nannten ihn sowieso nur den Psycho. Manchmal vergaßen wir sogar für einige Tage, dass er existierte – bis einer von uns nachts in die Küche ging und beinahe einen Herzinfarkt bekam, weil der unsichtbare Mitbewohner im Dunkeln am Esstisch saß und darauf wartete, dass sich sein Fertiggericht in der Mikrowelle zu Ende drehte. Sobald das

Licht ausging – pling! –, verschwand er wieder in seinem Zimmer.

Einmal wachte ich auf, weil ich Schritte vor meiner Zimmertür hörte. Als ich mich aufrichtete, sah ich einen Schatten unter dem Türschlitz und hörte ein Kratzen an der Tür. Verstört schlief ich wieder ein. Am nächsten Morgen fand ich einen Brief auf meinem Zimmerboden. Es stellte sich heraus, dass der unsichtbare Mitbewohner den Briefkasten geleert hatte und einen an mich adressierten Brief unter der Tür durchgeschoben hatte. Um vier Uhr nachts.

Nach vier Jahren hatte ich genug vom WG-Leben. Und ich hatte viel erlebt. 20 Mitbewohner, ein Zimmer an einer vierspurigen Hauptstraße, 84einhalb WG-Sitzungen (inklusive der einen, bei der ich nach der Hälfte genervt den Raum verließ), 347 987 Haustiere (ein Hase, zwei Katzen, 347 984 Spinnentiere der Gattung Dermatophagoides, besser bekannt als Hausstaubmilben). Ich brachte gefühlte 12 789 Pfandflaschen zurück, fischte 267 mal Haare aus dem Abfluss, feierte 23 WG-Partys, beerdigte 12 eingegangene Basilikumpflanzen, konsumierte 104 Kilo Spaghetti, 832 Liter Wein, 520 Liter Bier und 571 Tiefkühlpizzas. Ich hörte 34 Mal die Zimmernachbarn beim Sex, 35 Mal beim Streiten und 43 Mal die Worte »Ich hab aber das letzte Mal schon Klopapier gekauft!«.

Ich wollte mich nicht mehr über Putzpläne streiten oder darüber, wer wem die letzte Packung Häagen-Dasz-Eis weggefuttert hat. Und Angst vor Einbrechern hatte ich auch nicht mehr. Es wurde Zeit für eine eigene Wohnung.

14 Dünsten, blanchieren, verfeinern. Die Hobbyköche nerven und das Müslimädchen verteidigt sein Recht auf Fast Food. Ketchup ist schließlich auch Gemüse.

Seit einiger Zeit war Martha Abonnentin einer Biokiste. Jeden Samstag klingelte es an ihrer Tür und ein rotbäckiger Mann mit Gummistiefeln und Brandenburger Autokennzeichen auf seinem Lieferwagen brachte ihr frisches Obst und Gemüse vorbei, und wenn die Hühner einen guten Tag gehabt hatten, gab es noch ein Ei obendrauf.

Die Kiste habe eine Menge Vorteile, sagte Martha. Erstens müsse sie nicht mehr so oft einkaufen gehen. Zweitens stamme der Inhalt ausschließlich von Bauern aus dem Umland. Dank ihrer Kiste äße sie jetzt nur noch saisonale Produkte, so sei sie ganz nah dran an der Natur und käme nicht länger in Versuchung, im Winter Erdbeeren aus Spanien zu kaufen. Gut, wenn die Ernte in Deutschland mal schlecht laufe, gäbe es auch im Sommer keine Erdbeeren, aber da müsse man dann eben durch. Aber drittens und vor allem, sagte Martha, sei jedes Mal etwas dabei, das sie noch nicht kennt. Steckrüben. Portulak. Schwarzkohl. Sprossen. Pflücksalat.

Die Biokiste: ein Überraschungsei, nur ohne Schokolade und Spielzeug.

»Letztens lag da so ein Ding drin, das sah aus wie eine übergroße Zucchini. Aber irgendwie anders. Gelber«, sagte Martha.

»Ein mutierter Kürbis?«

»Nein, aber nachdem ich ein Foto davon gemacht

und bei Facebook gepostet habe, schrieb jemand, es handle sich um eine Schmorgurke.«

Sie machte eine Kunstpause und wiederholt verzückt: »Eine Schmorgurke!«

»Ich wusste nicht mal, dass ein Gemüse namens Schmorgurke existiert.«

»Ich ja auch nicht«, rief Martha. »Toll, oder?«

Joa.

»Vielleicht gibt es ja auch einen Grund, dass wir die Schmorgurke bisher nicht gekannt haben. Weil sie es nicht verdient, ein Promigemüse zu sein, zum Beispiel. Denn wenn sie so aufregend wäre, hätte sich das sicher schon herumgesprochen, oder?«

»Oder aber«, sagte Martha, »wir haben bisher einfach einen beschränkten Horizont gehabt. Weißt du übrigens, wie man Schmorgurken zubereitet?«

Seit Martha ihre Biokiste hatte, verbrachte sie den halben Tag damit, Rezepte zu googeln – vorausgesetzt, sie fand heraus, wie das Gemüse aus der Kiste heißt. Die andere Hälfte des Tages kochte sie. Martha zählte an den Fingern auf, welche Schmorgurkenrezepte sie schon gemacht hatte: »Montags Schmorgurken pikant mit Hack gefüllt. Dienstags karamellisierte Schmorgurken als Nachtisch. Mittwochs habe ich dann die restlichen Schmorgurken püriert und zu Suppe verarbeitet, das reichte für den Rest der Woche. Und ich konnte sogar noch was einfrieren.«

Einfrieren! Wie spießig war das denn? So etwas hatten doch bisher nur unsere Eltern gemacht. Ich bekam Angst. Es fühlte sich ungefähr so an, wie wenn man im Spiegel das erste graue Haar entdeckt und sich wundert, dass man es bisher nicht bemerkt hat, denn es muss ja eine Zeit lang gewachsen sein, um nun aus der Frisur ragen zu können wie eine Antenne, die geheime Signale von Außerirdischen empfängt. Trotzdem sieht man es erst, wenn es zu spät ist.

So war es auch jetzt. Schlagartig realisierte ich, dass ich keine Freunde mehr hatte. Stattdessen war ich umgeben von Hobbyköchen.

Die Hobbyköche blanchierten, dünsteten und flambierten, sie schafften sich Kochbücher an, tauschten Rezepte aus, belegten Kurse und kauften Wiegemesser, Käsehobel und Eiersollbruchstellenverursacher. Ihr Kühlschrank war immer gut gefüllt, sodass sie jederzeit spontan »etwas zaubern« konnten, falls sich plötzlich Besuch ankündigte. In ihrem Tiefkühlfach lagen selbstverständlich keine Fertiggerichte, sondern ein paar Zweige von dem Basilikum, den sie im Sommer selbst auf dem Balkon gezogen hatten. Sie wussten, welcher Wein zu welchem Gericht passt und dass er mindestens vier Euro kosten muss, damit man ihn trinken kann. Und immer hatten sie frischen Ingwer da.

Vor allem aber verhielten sie sich wie ehemalige Raucher, die es geschafft hatten, ihre schlechte Angewohnheit abzulegen. Ständig betonten sie, wie toll sie sich jetzt fühlten und wie schrecklich es früher war, als sie sonntags zum *Tatort* Essen bestellten, Wein aus dem Tetrapak tranken oder Spaghetti mit Tomatensoße von Mirácoli essen mussten. Meiner Erinnerung nach hatten sie das ziemlich gerne gemacht, aber davon wollten sie jetzt nichts mehr hören.

Verräter!

Was also tun? Ich tat das, was ich am besten konnte: rebellieren. Hatte ich schließlich jahrelang zu Hause geübt. Auch wenn ich keine Lust hatte, schon wieder die

Außenseiterin zu sein – diesem neuen Trend würde ich mich verdammt noch mal verweigern.

Und da begannen die Probleme.

Ich hatte nämlich nicht bedacht, dass die Menschen um mich herum nicht nur Hobbyköche, sondern offenbar auch bei der Stasi waren. Wie ehemalige Raucher, die immer am lautesten meckern, wenn irgendwo ein Molekül Tabakrauch herumschwirrt, hielten es meine ehemaligen Freunde im Kopf nicht aus, dass ich ab und zu Fast Food aß.

»Dein dreckiges Geschirr ist ja sehr aufschlussreich«, sagte Emil und beäugte kritisch die Teller in meiner Spüle.

»Pizzaränder und Tomatensoße. Hast du in den letzten Tagen mal irgendwann Salat gegessen?«

Bis dahin hatte ich, naiv wie ich war, gedacht, wir seien nur zu einem harmlosen Kaffee verabredet. Wie man sich täuschen kann! Die Wahrheit war: Meine Wohnung wurde inspiziert. Ich fühlte mich wie meine Mutter, damals, als sie zum Studieren in eine andere Stadt gezogen war und ihre Eltern vorbeikamen. Den ganzen Tag hatte sie damit verbracht, die Wohnung zu putzen, doch mein Opa fuhr nur einmal mit dem Zeigefinger oben auf dem Türrahmen entlang und streckte meiner Mutter schweigend seine staubige Fingerkuppe entgegen. In den nächsten Jahren kamen sie dann nicht mehr oft zu Besuch.

Bei mir ging inzwischen die Razzia weiter. Zwar subtil, aber ich war ja nicht blöd.

»Hast du Milch da?«, fragte Emil und ging zum Kühlschrank, ohne meine Antwort abzuwarten.

Es ist nämlich so: Mein Kühlschrank sieht von innen aus wie eine dieser modernen Dachgeschosswohnungen.

Puristisch. Die Einrichtung ist auf das Wesentliche reduziert: Senf, Ketchup und Prosecco. Denn wo nichts ist, kann auch nichts vergammeln.

»Hm«, machte Emil. »Wann warst du eigentlich das letzte Mal einkaufen?«

»Gestern.«

»Ach ja? Und was genau hast du gekauft?«

»Eine Hose.«

Emil warf mir einen strafenden Blick zu. Das war offenbar nicht seine Art von Humor. Was ich eigentlich so den ganzen Tag essen würde, wollte er wissen.

»Och, alles Mögliche«, sagte ich. »Oft hole ich mir Asia-Nudeln, Pizza oder belegte Ciabatta. Manchmal mache ich auch Nudeln mit Ketchup und Joghurt.«

Emil war fassungslos.

»Nudeln mit Ketchup und Joghurt? Igitt!«

»Gar nicht igitt. Außerdem ist Joghurt gesund, und Ketchup besteht aus Tomaten.«

Emil guckte mich schief von der Seite an.

»Ketchup? Ich bin mir nicht sicher, ob da überhaupt Tomaten drin sind.«

»Fürs Protokoll: Ketchup ist Gemüse.«

»Na sicher«, rief Emil. »Und Kaffee auch, weil die Bohnen auf Feldern wachsen. Also echt, wann fängst du endlich an, wie eine Erwachsene zu essen?«

Mittlerweile war ich einigermaßen beleidigt.

»Ich esse meine Spaghetti, ohne sie vorher klein zu schneiden. Wenn das nicht erwachsen ist, weiß ich auch nicht.«

»Du bist albern«, sagte Emil.

»Du meinst: kindisch?«

»Ach, vergiss es.«

Damit war die Diskussion beendet. Fürs Erste.

Als aus dem einen Kaffee zwei geworden waren, dann ein Glas Wein und schließlich Hunger, sagte ich zu Emil: »Ich mach uns schnell Nudeln, ja?«

»Aber nicht mit Ketchup!«

»Nei-hein.«

Es war ja nicht so, dass ich gar nicht kochen konnte – ich beherrschte mindestens drei Gerichte und eines davon sogar auswendig! Ich stellte einen Topf mit Wasser auf den Herd und daneben ein Glas Pesto.

Emil schielte zum Pestoglas.

»Also ich mach mein Pesto ja immer selbst«, sagte er von seinem Platz aus, während ich die Nudeln in das kochende Wasser schüttete.

»Mit Basilikum, getrockneten Tomaten, Olivenöl und Pinienkernen. Das schmeckt total lecker.«

»Ja, das glaub ich.«

Glaubte ich natürlich nicht. Bei meinem Lieblingspesto waren schließlich die Geschmacksexperten von Barilla am Werk, mit höchster Sorgfalt und erlesenen, natürlichen Zutaten. Er dachte ja wohl nicht ernsthaft, dass er das besser konnte als die, immerhin war es ihr Beruf. Und außerdem: Wer hatte überhaupt Zeit dafür, stundenlang in der Küche zu stehen, um etwas herzustellen, das es in identischer Form bereits fertig zu kaufen gibt?

»Im Laden um die Ecke gibt es übrigens ganz tolle Einmachgläser!«, sagte Emil. Er ließ einfach nicht locker.

»Ich brauch aber keine Einmachgläser. Weil ich gar nichts selber machen muss. Guck, da ist alles schon drin.«

Ich hielt Emil das Glas hin. Mittlerweile stand er hinter mir, vermutlich, weil er es auf seinem Stuhl nicht mehr ausgehalten hatte. Ich machte Anstalten, das Pesto in die Pfanne zu kippen.

»Halt!«, schrie Emil. »Willst du das nicht noch verfeinern?«

»Mit was denn?«

»Na, Schalotten zum Beispiel.«

»…«

»Wie, du hast keine Schalotten da?«

»Entschuldigung.«

»Lass mich mal.«

Emil scheuchte mich in Richtung Tisch und übernahm das Kommando. Er band sich eine Schürze um, wirbelte durch die Küche, fand eine einsame, verschrumpelte Zwiebel und eine Karotte, zerhackte beide in einem irren Tempo, schmiss sie in die Pfanne mit dem Olivenöl, es roch fantastisch, dann entdeckte er irgendwo im Kühlschrank eine Tube Tomatenmark (wo nur?!), vermischte alles mit dem Pesto in der Pfanne, auch die Nudeln, und schließlich, voilà, servierte er ein Gericht, das aussah wie aus einem Sternerestaurant. Er hatte sogar eine Gabel als Schablone benutzt und ein Tütchen Parmesan drüber gestreut, das noch aus einer Mirácoli-Packung übrig gewesen war.

Während wir dinierten – anders kann man es nicht nennen – versuchte ich, mein Gesicht zu wahren.

»Na, wie schmeckt es?«, fragte Emil.

»Och ja, ganz gut. Eigentlich so wie immer. Du hättest dir also gar nicht so viel Mühe geben müssen.«

Emil kniff die Augen zusammen.

»Komm, gib's zu. Es ist besser.«

»Es ist gut. Solide.«

Ach, es war furchtbar. Da saß ich nun vor einem Festmahl und konnte es gar nicht richtig genießen. Und alles nur, weil ich mir auf die Fahnen geschrieben hatte, dagegen zu sein. Frustriert stocherte ich in meinem Essen. Emil stocherte auch.

»Vermutlich bist du auch noch stolz drauf, dass du nicht kochen kannst, oder?«, sagte er.

Nein. Eigentlich war ich das überhaupt nicht. Wer ist denn bitteschön stolz darauf, dass er Reis nur im Kochbeutel zubereiten kann und keine Ahnung hat, wie man aus einem vollen Kühlschrank heraus ein Standardessen improvisiert? Eben. Trotzdem wollte ich nicht diskriminiert werden!

Der Fernsehkoch Tim Mälzer hat mal gesagt, wenn er im Supermarkt mit einer Pizza an der Kasse stehe, sei das so, als wenn andere mit einem Schmuddelheft am Bahnhofskiosk erwischt werden. Ich war nicht mal Fernsehkoch, aber trotzdem in der sozialen Schmuddelecke meines Freundeskreises. Das konnte doch nicht wahr sein, sie waren doch sonst immer so offen und linksliberal.

Es war höchste Zeit für eine Intervention. Ich bestellte Martha und Emil zu mir.

»Jetzt mal Klartext«, sagte ich. »Was soll dieser Kochzwang?«

Sie wanden sich. Natürlich. Auch sie hatten schließlich einen Ruf zu verteidigen.

»Warum Zwang? Das macht doch Spaß!«, sagte Emil, und Martha nickte eifrig.

»Und es ist sauspießig«, sagte ich.

»Quatsch!«, sagte Martha. »Es ist erwachsen. Wir setzen jetzt halt andere Prioritäten.«

»Okay. Damit kann ich leben. Aber mit dem Stasi-Getue nicht!«, rief ich.

Sie machten große Augen. Was, sie? Sie mischten sich doch nicht in mein Essverhalten ein.

»Und Stasi«, sagte Emil, »was soll das überhaupt!«

Ha, Essverhalten, was sollte das überhaupt. Allein, dass sie das Wort benutzten, sagte doch schon alles. Ich verhielt mich nicht zu irgendeinem Essen, ich aß es einfach.

»Und wie ihr euch einmischt!«, sagte ich. »Bei allem übrigens. Nicht mal in Ruhe rauchen darf man mehr.«

»Ich hab nur keine Lust drauf, dass du dich später bei mir ausheulst, wenn du Falten bekommst«, sagte Emil.

»Keine Sorge, ich lass mir rechtzeitig Botox spritzen.«

»Wie mich das aufregt!«, sagte Emil. »Total ungesund leben, aber mit den hässlichen Folgen nicht klarkommen, was ist das denn für eine bescheuerte Doppelmoral?«

»Ach, aber Menschen, die gesund leben und trotzdem irgendwann Falten bekommen und zum Schönheitschirurgen gehen, die verurteilst du dann nicht?«

»Doch, natürlich«, sagte Emil. »Ich lehne Botox grundsätzlich ab.«

»Dann komm mir nicht mit so einem Scheißargument«, rief ich.

»Doch, es geht ums Prinzip!«, rief Emil.

Puh, dieses ganze pseudoaufgeklärte Gerede. Eigentlich steckte doch etwas ganz anderes hinter der angeblichen Sorge um meine Gesundheit: der blanke Neid! Weil ich fabelhaft aussah, obwohl ich mich ungesund ernährte, wenig schlief, zu viel Wein trank und rauchte. Na ja, abgesehen von den paar Falten. Er hingegen wusste ja nicht mal, ob sein gesunder Lifestyle irgendwas bringen würde. Vielleicht würde er trotzdem früher sterben als ich. Und auf dem Sterbebett jede Zigarette bereuen, die er nicht geraucht hatte und jedes Glas Wein, das er sich verboten hatte zu trinken, weil er am nächsten Morgen früh rausmusste.

»Ihr verurteilt also keine Menschen, die nicht kochen?«, nahm ich den Faden wieder auf.

»Natürlich nicht. Jeder, wie er will«, sagte Martha.

»Aha. Angenommen, ihr habt ein Date, und die Person lädt euch zu sich ein, und es gibt Tiefkühlpizza, was dann?«

»Das macht ja wohl niemand«, sagte Emil.

»Ehm, doch.«

Schweigen.

»Dann gibt es eher kein zweites Date«, sagte Martha.

»Ernsthaft?«

»Also hör zu«, sagte Emil.

Er setzte sein Ich-erklär-dir-jetzt-mal-die-Welt-Gesicht auf, das ihm übrigens hervorragend steht. Aber das gönne ich ihm, er ist ja auch älter.

»Erstens geht es darum, dass man sich für jemanden Mühe gibt. Man zieht ja beim ersten Date auch nicht seine ausgeleierte Jogginghose an. Und zweitens will man den anderen beeindrucken. Ganz alte Nummer, da werden menschliche Urinstinkte getriggert, Nestbau und solche Sachen.«

Gut, das mit dem Mühe geben konnte ich nachvollziehen. Aber Nestbau? Wir waren doch aufgeklärt und feministisch undsoweiter und hatten so was nicht mehr nötig.

»Vielleicht. Trotzdem: Willst du etwa eine Tiefkühlpizza sein?«, sagte Emil.

»Das ist jetzt metaphorisch gemeint, schätze ich.«

»Das sowieso, aber der Typ wird dich auch so nennen, wenn es mal aus ist.«

Er verstellte seine Stimme und sagte: »Die Tiefkühlpizza und ich haben uns getrennt.«

Dann, wieder normal: »So was bleibt einem im Gedächtnis. Für immer.«

Hilfe! Ich wollte keine Tiefkühlpizza sein. Lieber Kaviar oder ein Kobe-Steak. Was Teures, Hochwertiges.

»Nehmen wir mal rein hypothetisch an, ich würde beim ersten Treffen kochen. Dann erwartet der doch, dass ich das immer mache«, sagte ich. »Was dann?«

Emil lachte.

»Das ist doch das Beste, was dir passieren kann! Du kommst nicht mehr raus aus der Nummer. Und dann musst du eben kochen lernen.«

Ach so? Ach so! Ich fixierte Martha, die verdächtig rote Wangen bekommen hatte.

»Hast du das beim Müslimann etwa auch so gemacht?«

»Ehm, na ja. Ich hab auch vorher schon gekocht.«

»Du lügst!«

»Aber gebacken!«

Als die beiden gegangen waren, musste ich nachdenken. Immerhin wusste ich jetzt, warum sich dieser sehr vielversprechende Typ aus dem Mauerpark nach unserem ersten Date, das eigentlich sehr lustig gewesen war, nie mehr gemeldet hatte. Vielleicht sollte ich langsam mal damit aufhören, so dogmatisch zu sein. Backen konnte ich schließlich auch. Und das gar nicht mal schlecht. Da gab es ja noch das berühmte Apfelkuchenrezept von Oma Stuttgart. Und den Geburtstags-Marmorkuchen von Tante Lina. Das Rezept für die Schwarzwälder Kirschtorte von Tante Inge musste auch noch irgendwo sein. Und Oma Schwarzwald hatte mir als Sonntagsessen

Sauerbraten mit handgeschabten Spätzle beigebracht. Außerdem hat mich erst neulich Anna bei ihrem Besuch in Berlin schwer gelobt, als ich uns nach einer durchsoffenen Nacht ein Rührei gemacht hatte. Und dabei hatte ich das doch nur schnell improvisiert – Eier, Milch, Feta. Und das Ganze dann mit Kräutern der Provence verfeinert. Das ist ja nun wirklich keine große Sache.

15 Ein Schrebergarten wird eingeweiht, der Müslimann vorgestellt und Fisch ist kein Fleisch. Aber es gibt Marillenschnaps!

Ein Stockwerk über mir kleben sie gerade einen Balkon an die Wand. Kein Witz. Die Wohnung wird renoviert, da haben sie sich wohl gedacht: So ein Balkon wär doch nett, kann ja nicht viel schwieriger sein, als falschen Stuck an die Decke zu pappen und drüberzustreichen. Ehrlich gesagt bin ich mächtig neidisch. Ich hätte auch gern einen Balkon, es wird ja wieder Frühling. Die Bäume schlagen aus und die Hasen Purzelbäume, ach könnt ich nur einen kleinen Kräutergarten pflanzen, ich wär ein glücklicherer Mensch. Spontan beschließe ich, umzuziehen, aber nach drei Tagen habe ich immer noch keine Wohnung gefunden, und ich bin ungeduldig, unge-dul-dig!, draußen rasten die Vögel aus und drinnen ich.

Lasse ich meine Wut eben an den vierzig Quadratmetern aus, die ich gemietet habe. Ich drehe die Musik auf, binde mir eine Schürze um und ein Tuch ins Haar und putze Fenster, klopfe Teppiche aus, wische Staub, wasche Vorhänge, werfe Weihnachtsplätzchen weg. Sollen doch andere zur Katharsis ins Kloster gehen oder heilfasten, ich kümmere mich um die Frühlingsquote. Ziel ist, dass die Wohnung am Ende aussieht wie ein Ort, an dem Kolibris süßen Nektar trinken, Kinder in weißen Rüschenkleidern auf Hollywoodschaukeln sitzen und nachmittags pünktlich um vier ein rotbackiger Apfel auf die Wiese plumpst. Wenn ich fertig bin, kann Herr von Ribbeck auf Ribbeck im Havelland einpacken mit seinem Angebergarten und dem Birnbaum, oh ja.

Nach drei Stunden gebe ich auf und gehe Blumen kaufen. Die Vase mit den Tulpen und Narzissen stelle ich ans Küchenfenster und mich davor. Ist doch auch schön, so ein Bonsai-Balkon, denke ich, fast wie ein echter. Man kann sich sogar einbilden, dass die Fensterscheiben gar nicht existieren, so blitzeblank sind sie. Ve-ro-ni-ka, der Lenz ist da. Genießerisch sauge ich den Duft der Blumen ein, bis ich merke, dass da keiner ist. Als ich gerade anfangen will, mich zu ärgern, klingelt das Telefon. Martha ist dran.

»Hast du heute Abend schon was vor?«, fragt sie.

»Kommt drauf an, ob ich heute noch umziehe.«

Ich erzähle ihr von meinem erfolglosen Versuch, den Frühling in meine Wohnung zu holen.

»Ha!«, sagt Martha vergnügt. »Dann habe ich eine gute Nachricht für dich: Mein Freund weiht heute seinen Schrebergarten ein.«

Igitt. Ein Schrebergarten. Das ist doch was für Leute, die sich nicht trauen, so richtig aufs Land zu ziehen, aber trotzdem irgendwie was mit Natur wollen.

»Ja«, sagt Martha. »Wie ein Balkon. Nur größer.«

Ich denke an den Schrebergarten von Noras Eltern, in dem wir früher fast den ganzen Sommer verbracht haben. Der war auch spießig, aber damals war uns das egal. Schließlich konnte man dort grillen, Federball spielen und sogar mit dem Schlauchboot auf dem nahe gelegenen Kanal herumpaddeln.

Außerdem wird es wirklich Zeit, dass ich ihn kennenlerne, den Müslimann, der hoffentlich weiß, dass man Haferflocken nicht anbauen kann.

»Gut, wann geht's los?«, frage ich.

»Wir treffen uns um fünf an der U-Bahn. Und bring was zu essen mit.«

Wenn man in der U-Bahn länger aus dem Fenster guckt, wird man irgendwann verrückt. Da bin ich mir ganz sicher. Immer nur dieses Schwarz, ab und zu unterbrochen von Lichtern, die aufblitzen und wieder verschwinden, dunkel, dunkel, hell, dunkel, und deren Funktion dem Fahrgast verschlossen bleibt; es reicht ja auch, wenn der Zugführer sie kennt, aber tut er das? Unklar bleibt auch, ob das Schwarz wirklich die Wand des Tunnels ist oder etwas Größeres, etwas Unendlicheres, und ob sich der Waggon nicht längst irgendwo im Orbit befindet. Hui!

Um solche Gedanken gar nicht erst aufkommen zu lassen, sitzen die Menschen in der U-Bahn nie einfach nur da und schauen aus dem Fenster, so wie in der Tram, wo die Landschaft im Zeitraffer an einem vorüberzieht und die Augen etwas haben, an dem sie sich festhalten können. Die Menschen in der U-Bahn lesen, verschicken Nachrichten, um mit der Welt in Kontakt zu bleiben, oder hören Musik, die Augen geschlossen, dunkel, dunkel, hell, dunkel.

Noch besser ist es, wenn man jemanden hat, mit dem man sich unterhalten kann, an dem man sich festhalten kann, wenn keine Sitzplätze mehr frei sind und die U-Bahn eine unerwartete Kurve macht. Ich habe Martha.

Wir sind auf dem Weg in den Schrebergarten, ein kleines Stück Natur, 10x20 Meter, mitten in der Großstadt, auf das der Müslimann angeblich vier Jahre warten musste. Die Plätze sind begehrt.

»Was hast du denn eigentlich mitgebracht?«, fragt Martha und schielt auf meine Tasche.

»Bratwürste und Bier. Und du?«

»Ach, nur einen Feldsalat mit Ziegenkäse und Kürbiskernkrokant.«

Der Obdachlosenzeitungsverkäufer, der an der Tür steht und auf die nächste Haltestelle wartet, schüttelt den Kopf.

Drei Stationen später steigen wir aus. Auf dem Weg von der Haltestelle passieren wir mehrere Kleingartenkolonien, deren schmiedeeisernen Tore den sauber geharkten Kiesweg von der Straße trennen. Sie heißen Germania, Friede und Arbeit, Bergfrieden. Ich bekomme ein bisschen Lust, mit einer Schrotflinte auf Tontauben zu schießen, nur damit hier mal was passiert. Ob ich den dicken Mann im weißen Unterhemd fragen soll, der auf dem Balkon eines Plattenbaus steht und uns beobachtet? Der hat bestimmt irgendwo ein Gewehr. Aber Martha zieht mich weiter, bis ans Ende der Straße, wo eine rot-weiß-gestreifte Schranke den Autofahrern den Weg versperrt und ein Tor unbefugte Passanten einschüchtern soll. »Kolonie Lebensfreude« steht in schnörkeligen, verchromten Buchstaben darauf.

»Hier muss es irgendwo sein«, sagt Martha und drückt die Klinke runter. Quietschend fällt die Tür hinter uns ins Schloss.

Etwas ratlos stehen wir auf dem Kiesweg, der sich in drei Richtungen gabelt. Wir entscheiden uns für die Mitte, laufen vorbei an Buchsbaumhecken, Maschendrahtzäunen und Steinmauern. Eine Parzelle links, eine Parzelle rechts, wir laufen im Gleichschritt über den knirschenden Kies, eins, zwei, eins, zwei, und ich halte eine Sekunde inne. Beim Weitergehen knirscht der Kies synkopisch, eins und zwei und eins und zwei. Ein Mann im Adidas-Jogginganzug kommt uns entgegen, neben ihm trabt eine Bulldogge mit heraushängender Zunge. Es ist heiß. Kurz vor uns biegt der Mann ab und verschwindet in einem Garten. Akkurater Rasen, Gartenlaube, Deutschlandfahne. Schnell gehen wir weiter, vorbei an Gartenzwergen und Obstbäumen, an »Vorsicht vor dem Hunde«-Schildern und Planschbecken. Irgendwann stehen wir vor der Nummer 28.

»So«, sagt Martha, »wir sind da.«

Ich spähe über das Gartentor und bin erleichtert, dass ich nirgendwo eine Flagge sehe. Der Rasen sieht auch nicht aus, als wäre er in letzter Zeit mal gemäht worden. Außerdem riecht es verdammt gut nach Grill.

»Ist der Müslimann eigentlich Vegetarier?«, frage ich, als wir auf den Steinen entlang Richtung Gartenhäuschen balancieren.

»Ja«, sagt Martha.

Zum Glück bin ich total unvoreingenommen, deshalb denke ich auch nicht, dass das ja irgendwie klar war. Hauptsache, niemand verbietet mir, meine Würstchen auf den Grill zu legen.

Vor der Laube sitzen um die fünfzehn Menschen auf Bierbänken und Gartenstühlen. Ein paar andere stehen rum und trinken Bier oder rennen Kindern hinterher, die halbnackt durch den Garten toben. Keine weißen Rüschenkleider. Keine Hollywoodschaukel. Aber ein Apfelbaum!

Als ich mich zu Martha umdrehe, knutscht sie gerade einen dunkelhaarigen Mann ab.

»Hallo«, sage ich. »Du musst der Müslimann sein. Ich hab schon viel von dir gehört.«

»Ebenfalls«, sagt der Müslimann und gibt mir die Hand. Er sieht aus wie einer, den die meisten Frauen toll finden. So ein Unterhosenmodeltyp, kantig und irgendwie glatt. Ob der wirklich freiwillig mit seinen Händen in der Erde rumwühlt? Außerdem trägt er Segelschuhe und ein Poloshirt. Na ja. Aber es hätte schlimmer kommen können.

»Ich stelle euch mal die anderen vor«, sagt er und schiebt uns zu den Bierbänken, wo jeder der Anwesenden artig seinen Namen aufsagt. Ich vergesse sie sofort wieder, das ist wie mit Prozentrechnen oder mit welcher Briefmarke man einen Standardbrief frankiert. Für solche Sachen ist in meinem Gehirn einfach kein Platz.

»Komm, wir holen uns was zu trinken«, sagt Martha und zieht mich rüber zum Gartenhäuschen. Im Kühlschrank liegen Bier und Bionade. Wir entscheiden uns für Bier.

»Und, wie findest du ihn?«, fragt Martha, nachdem wir angestoßen haben.

»Ja«, antworte ich, und als mir auffällt, dass das keine Antwort auf ihre Frage ist, schiebe ich noch ein »hübsch« hinterher.

Martha strahlt.

»Ja, ne.«

Dann fällt uns ein, dass wir ja Essen dabeihaben und wir gehen zum Buffet, wo sich Marthas Salat perfekt in das liebevoll angerichtete Arrangement aus Salat, Salat und Salat einfügt. Ansonsten gibt es Dinkelcräcker und Brot. Ich drapiere meine Würstchen erst mal auf dem Tisch und lade mir fünf Sorten Salat auf meinen Teller. Dann laufen Martha und ich rüber zur Wiese, wo der Müslimann sitzt und uns zuwinkt. Wir lassen uns auf die Klappstühle neben ihm fallen. Schön ist es hier, beinahe wie in einem richtigen Garten. Während über uns die Zweige des Apfelbaums im Wind rauschen, essen wir schweigend unseren Salat. Ich befürchte, dass der Müslimann einer von den Menschen ist, die keine Gesprächspausen ertragen, und dass er die Stille gleich mit einem »Naaaaa?« unterbricht, mit diesem langgezogenen Pausenfüllelement, das gerne auch bei der Begrüßung verwendet wird, und auf das man nur mit einem ebenso idiotischen »Naaaa?« antworten kann. Oder mit einem »Und du so?«.

Also komme ich ihm zuvor.

»Cox Orange?«, frage ich um einen einigermaßen anspruchsvollen Einstieg bemüht und mache mit dem Kopf eine Bewegung zum Apfelbaum hin.

»Ähm …«, macht der Müslimann. »Wie jetzt, Koks?«

»Die Apfelsorte.«

Der Müslimann ist verwirrt.

»Cox Orange«, schaltet sich Martha ein. »So wie Boskop, Granny Smith … du weißt schon.«

»Ach so, haha, ja.«

Er hat keine Ahnung.

Süß irgendwie.

Aber ich mache mir da keine Sorgen, es gibt bestimmt irgendeine App fürs Smartphone, die für 79 Cent Apfelsorten erkennen kann, wenn man sie fotografiert.

»Kommt mal mit, ich zeig euch was«, sagt der Müslimann. Ein Stück weiter hinten im Garten bleibt er stehen und macht eine ausladende Armbewegung.

»Da will ich Gemüse anbauen.«

Stolz erklärt er uns, welche Sorten er schon eingepflanzt hat. Feldsalat, Möhren, Tomaten, Kartoffeln.

»Wusstet ihr eigentlich, dass man Möhren und Zwiebeln immer nebeneinander pflanzen sollte? Die Möhrenfliege hasst nämlich den Geruch von Zwiebeln und die Zwiebelfliege den von Möhren«, sage ich.

Martha ist erstaunt. »Die Frage ist ja wohl eher: Warum weißt du solche Sachen?«

»Keine Ahnung. Von früher halt.«

Wahrscheinlich nimmt diese Information den Platz in meinem Gehirn ein, wo eigentlich das Prozentrechnen gespeichert sein sollte. Aber wer fragt schon nach Mathe, wenn ich irgendwann mal auf einer einsamen Insel ums nackte Überleben kämpfen muss. Mit der Möhren- und Zwiebelsache bin ich dagegen fein raus.

Der Müslimann nickt anerkennend.

»Bist du auf dem Land groß geworden?«, fragt er.

»Nee. Aber mit einem Garten.«

»Hast du's gut«, sagt er.

Da hat er recht. Ein bisschen wehmütig denke ich an den riesigen, verwilderten und ganz und gar nicht schreberhaften Garten hinter unserem Haus, der mir früher vermutlich nur deshalb so groß vorkam, weil ich so klein war. Aber gegrillt haben wir trotzdem nie.

Apropos Grill. Es wird Zeit für den zweiten Gang, und Biernachschub brauchen wir auch. Ich suche meine Würstchen, die einsam zwischen den Salatschüsseln liegen und reiße die Packung auf. Auf dem Grillrost liegen bereits Haloumikäse, Falafel und Backkartoffeln. Und Garnelen.

»Willst du auch eine?«, fragt der Müslimann und schaufelt sich eine Ladung auf den Teller.

»Nee. Ich mag keine Meeresfrüchte. Aber, ehm, ich dachte du seist Vegetarier?«

»Ja, ich esse ja auch kein Fleisch. Nur Fisch.«

So, so.

Er erklärt mir, dass er aus Klimaschutzgründen kein Fleisch isst, wegen den pupsenden Rindern, die mehr CO^2 verursachen als der weltweite Automobilverkehr. Ein Auto hat er auch nur deshalb, weil er das für seinen Job braucht.

»Und warum ist Fisch essen deiner Meinung nach besser als Fleisch?«, frage ich.

»Weil die Überfischung der Meere zwar schlecht für die Biodiversität ist, aber keinen Einfluss auf das Klima und damit unsere Lebensgrundlage hat«, sagt er.

Interessante Argumentation. Aber leider falsch. Die Veränderung der Biodiversität beeinflusst nämlich durchaus auch den Klimawandel, erkläre ich ihm.

Der Müslimann windet sich.

»Du hast ja recht. Aber Fisch ist halt einfach geil. Und weil ich auf Fleisch verzichte, habe ich wenigstens ein besseres Gewissen.«

Er ist also doch nicht so glatt, wie ich dachte, und inkonsequent noch dazu. Ich fange an, ihn zu mögen.

Vier Stunden später ist das Bier alle. Der Müslimann sucht im Gartenhäuschen nach dem Marillenschnaps, der dort noch irgendwo sein muss, und ich gehe mit Martha zur Tanke. Als sie mit dem Bier an der Kasse steht, packe ich noch ein paar Chipstüten obenauf. Hilft ja alles nichts. Dann ist es auf einmal fünf Uhr morgens. Die Chips sind weg, die Gäste auch, und Martha ist auf ihrem Liegestuhl eingeschlafen. Der Müslimann und ich machen den Marillenschnaps leer und reden über den Sinn des Lebens. Mittlerweile weiß ich, dass er Architekt ist und Ökohäuser baut.

»Du bist schon ein ganz schönes Klischee, ne«, sage

ich und im gleichen Moment nehme ich mir vor, in Zukunft entweder zu trinken oder zu reden, aber niemals beides zusammen.

Der Müslimann lacht.

»Kann sein, ja. Aber ich hole nur das nach, was ich früher nicht hatte.«

»Was denn?«

»Na ja, ich war ein Schlüsselkind, nie war mittags jemand zu Hause, und meine Eltern haben sich nicht für gesunde Ernährung interessiert«, sagt er. »Deshalb genieße ich es, dass ich mir das jetzt alles leisten kann.«

»Ein Schlüsselkind?«, rufe ich. Ich bin begeistert.

»Ich wollte immer ein Schlüsselkind sein!«

»Du spinnst ja.«

»Doch, im Ernst. Wenn du eine Ökokindheit hattest, findest du das später nicht mehr so toll.«

Wir schweigen eine Weile.

»Dann sind wir ja beide gleich bescheuert«, sagt der Müslimann schließlich und grinst.

Weil es definitiv keinen besseren Abschlusssatz geben kann, beschließe ich, mich auf den Heimweg zu machen. Ich versuche, Martha aufzuwecken, um mich zu verabschieden, aber sie knurrt nur und zieht die Decke enger um ihren Körper.

»Lass nur, wir schlafen hier«, sagt der Müslimann.

»Bis bald!«

Während ich zur U-Bahn stolpere, geht gerade die Sonne auf. Die Gartenkolonie macht ihrem Namen alle Ehre, finde ich, zumindest um diese Uhrzeit ist es friedlich, so ganz ohne die Menschen.

Im Zeitraffer zieht noch einmal der Abend vor meinem geistigen Auge vorüber. Und mein marillenbeschwipstes Hirn denkt darüber nach, wie ich eigentlich so lebe.

Nun. Ich trinke meinen Kaffee vegan (ohne Milch) und gesund (ohne Zucker). Ich habe Ökostrom aber keinen Kompost, weil in der Küche kein Platz ist. Ich kaufe meine Kleider wenn möglich nicht bei Billig-Modeketten, sondern dafür seltener und gebe mehr Geld dafür aus. Die alten Kleider spende ich, und zwar an die richtigen Organisationen. Ich habe kein Auto, sondern benutze die öffentlichen Verkehrsmittel, und ich würde niemals an einen Ort fliegen, den ich auch mit der Bahn erreichen kann. Dass ich das wegen der Flugangst mache und nicht wegen des ökologischen Fußabdrucks, ist der Umwelt vermutlich auch egal. Ich putze meine Wohnung mit ökologischen Reinigern, aber bevor ich den Siphon vom Waschbecken leeren muss, weil er verstopft ist, schütte ich lieber chlorhaltigen Abflussreiniger in den Abguss. Ich mache keinen Sport, aber ich nehme immer die Treppe statt des Aufzugs. Ich kaufe manchmal im Bioladen ein, weil der Käsekuchen einfach viel besser schmeckt, wenn er mit Bio-Sauerrahm gemacht ist. Ich esse trotzdem mindestens einmal die Woche Tiefkühlpizza. Auf dem Bett, vor dem Fernseher.

Als ich an der Haltestelle ankomme, leuchtet die elektronische Anzeigetafel. Noch neun Minuten bis die nächste Bahn kommt. Ich setze mich auf die Treppe, halte mein Gesicht in die Sonne und drehe mir eine Zigarette. Aus hundert Prozent Tabak, ganz ohne Zusatzstoffe.

Danke

Mein größter Dank gilt Mama, die zwar keine Witze erzählen kann, aber dafür die Fähigkeit besitzt, über sich selbst zu lachen.

Danke an Michael Brake, der aus jeder Bratwurst ein Rinderfilet macht.

Danke an Katrin Kroll, die in meiner Kolumne das Potenzial für das Buch entdeckt hat, das ich nie schreiben wollte.

Danke an Mareike Neukam für ihr besonnenes und rücksichtsvolles Lektorat.

Danke an alle, die mich inspiriert, beraten und ertragen haben, allen voran Britta und Eric.

Außerdem natürlich: Lisa, Patrick und Margarete.

Und danke an L2. Für alles.